ACCESO GRATIS ***a la Lectura en la Nube***

Para visualizar el libro electrónico en la nube de lectura envíe junto a su nombre y apellidos una fotografía del código de barras situado en la contraportada del libro y otra del ticket de compra a la dirección:

ebooktirant@tirant.com

En un máximo de 72 horas laborales le enviaremos el código de acceso con sus instrucciones.

ESQUEMAS DE DERECHO LABORAL COLECTIVO EN COLOMBIA

ESQUEMAS DE DERECHO LABORAL COLECTIVO EN COLOMBIA

VERÓNICA PELÁEZ RAFET
LAURA DANIELA LÓPEZ CHAPARRO

tirant lo blanch
Bogotá D.C., 2024

En caso de erratas y actualizaciones, la Editorial Tirant lo Blanch publicará la pertinente corrección en la página web www.tirant.com.

EDITA: TIRANT LO BLANCH
Calle 11 # 2-16 (Bogotá D.C.)
Telf.: 4660171
Email:tlb@tirant.com
Librería Virtual: www.tirant.com/co/
ISBN 978-84-1056-496-1

Si tiene alguna queja o sugerencia, envíenos un mail a: *atencioncliente@tirant.com*. En caso de no ser atendida su sugerencia, por favor, lea en *www.tirant.net/index.php/empresa/politicas-de-empresa* nuestro Procedimiento de quejas.

Responsabilidad Social Corporativa: http://www.tirant.net/Docs/RSCTirant.pdf

Índice

PRESENTACIÓN

Una de las principales características del derecho laboral colectivo es su dinamismo y constante cambio. Durante los últimos 20 años, las Altas Cortes han protagonizado y acompañado la transformación de las relaciones colectivas en Colombia no sólo desde su rol en la interpretación de las normas consagradas en el Código Sustantivo del Trabajo, sino además en la legitimación de nuevas prácticas/tendencias que hoy marcan el derrotero de las relaciones entre organizaciones sindicales, trabajadores y empleadores.

Este libro es una propuesta de esquematización que le permite al lector ubicar, entender y relacionar los principales conceptos y tendencias propias del derecho laboral colectivo colombiano. Lo anterior, sin desconocer que frente a los asuntos que se abordan en este texto, existen posturas diversas en la doctrina y/o jurisprudencia, las cuales podrían llevar a formas alternas de conceptualizar y/o sistematizar la materia.

Las autoras hemos elegido la estructura y esquemas que presentamos a continuación y que, de acuerdo con nuestro criterio y desde nuestra experiencia, permiten un entendimiento más claro del objeto de estudio. Con esto, buscamos contribuir con una herramienta que sea útil para estudiantes y abogados en la exploración del derecho laboral colectivo.

Las autoras.

ABREVIATURAS

ABREVIATURA	NORMA
C.P.	Constitución Política
C.S.T.	Código Sustantivo del Trabajo
ABREVIATURA	**ENTIDAD**
C.C.	Corte Constitucional de Colombia
C.S.J.	Corte Suprema de Justicia
O.I.T.	Organización Internacional del Trabajo
O.C.D.E.	Organización para la Cooperación y el Desarrollo Económico
S.M.L.M.V	Salario Mínimo Legal Mensual Vigente

Capítulo 1.
GENERALIDADES DEL DERECHO LABORAL COLECTIVO

1.1. CONCEPTOS BÁSICOS DEL DERECHO LABORAL COLECTIVO

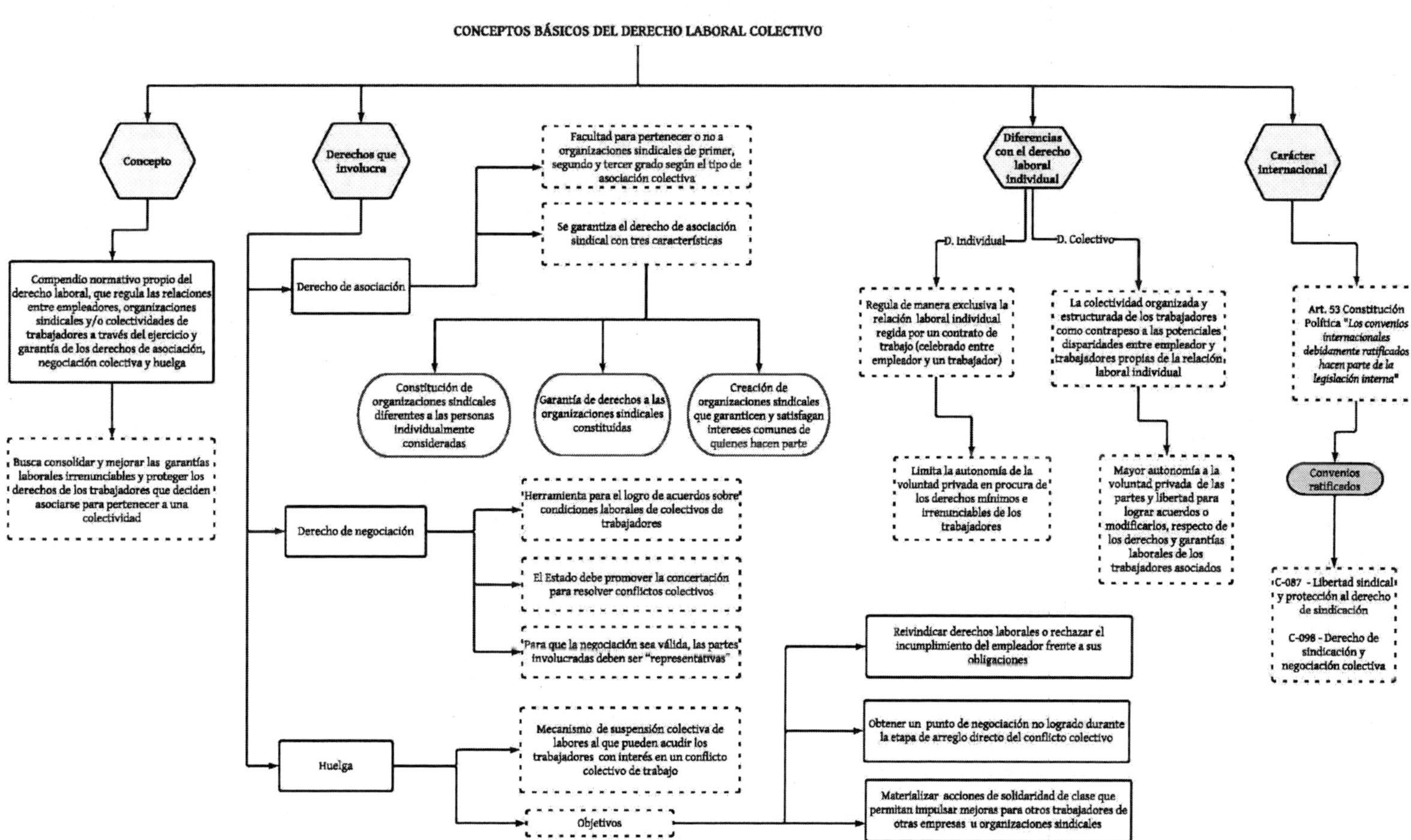
CONCEPTOS BÁSICOS DEL DERECHO LABORAL COLECTIVO
Concepto
Derechos que involucra
Diferencias con el derecho laboral individual
Carácter internacional
Compendio normativo propio del derecho laboral, que regula las relaciones entre empleadores, organizaciones sindicales y/o colectividades de trabajadores a través del ejercicio y garantía de los derechos de asociación, negociación colectiva y huelga
Busca consolidar y mejorar las garantías laborales irrenunciables y proteger los derechos de los trabajadores que deciden asociarse para pertenecer a una colectividad
Derecho de asociación
Facultad para pertenecer o no a organizaciones sindicales de primer, segundo y tercer grado según el tipo de asociación colectiva
Se garantiza el derecho de asociación sindical con tres características
Constitución de organizaciones sindicales diferentes a las personas individualmente consideradas
Garantía de derechos a las organizaciones sindicales constituidas
Creación de organizaciones sindicales que garanticen y satisfagan intereses comunes de quienes hacen parte
Derecho de negociación
Herramienta para el logro de acuerdos sobre condiciones laborales de colectivos de trabajadores
El Estado debe promover la concertación para resolver conflictos colectivos
Para que la negociación sea válida, las partes involucradas deben ser "representativas"
Huelga
Mecanismo de suspensión colectiva de labores al que pueden acudir los trabajadores con interés en un conflicto colectivo de trabajo
Objetivos
Reivindicar derechos laborales o rechazar el incumplimiento del empleador frente a sus obligaciones
Obtener un punto de negociación no logrado durante la etapa de arreglo directo del conflicto colectivo
Materializar acciones de solidaridad de clase que permitan impulsar mejoras para otros trabajadores de otras empresas u organizaciones sindicales
D. Individual
D. Colectivo
Regula de manera exclusiva la relación laboral individual regida por un contrato de trabajo (celebrado entre empleador y un trabajador)
Limita la autonomía de la voluntad privada en procura de los derechos mínimos e irrenunciables de los trabajadores
La colectividad organizada y estructurada de los trabajadores como contrapeso a las potenciales disparidades entre empleador y trabajadores propias de la relación laboral individual
Mayor autonomía a la voluntad privada de las partes y libertad para lograr acuerdos o modificarlos, respecto de los derechos y garantías laborales de los trabajadores asociados
Art. 53 Constitución Política "*Los convenios internacionales debidamente ratificados hacen parte de la legislación interna*"
Convenios ratificados
C-087 - Libertad sindical y protección al derecho de sindicación
C-098 - Derecho de sindicación y negociación colectiva

1.2. DERECHO DE ASOCIACIÓN

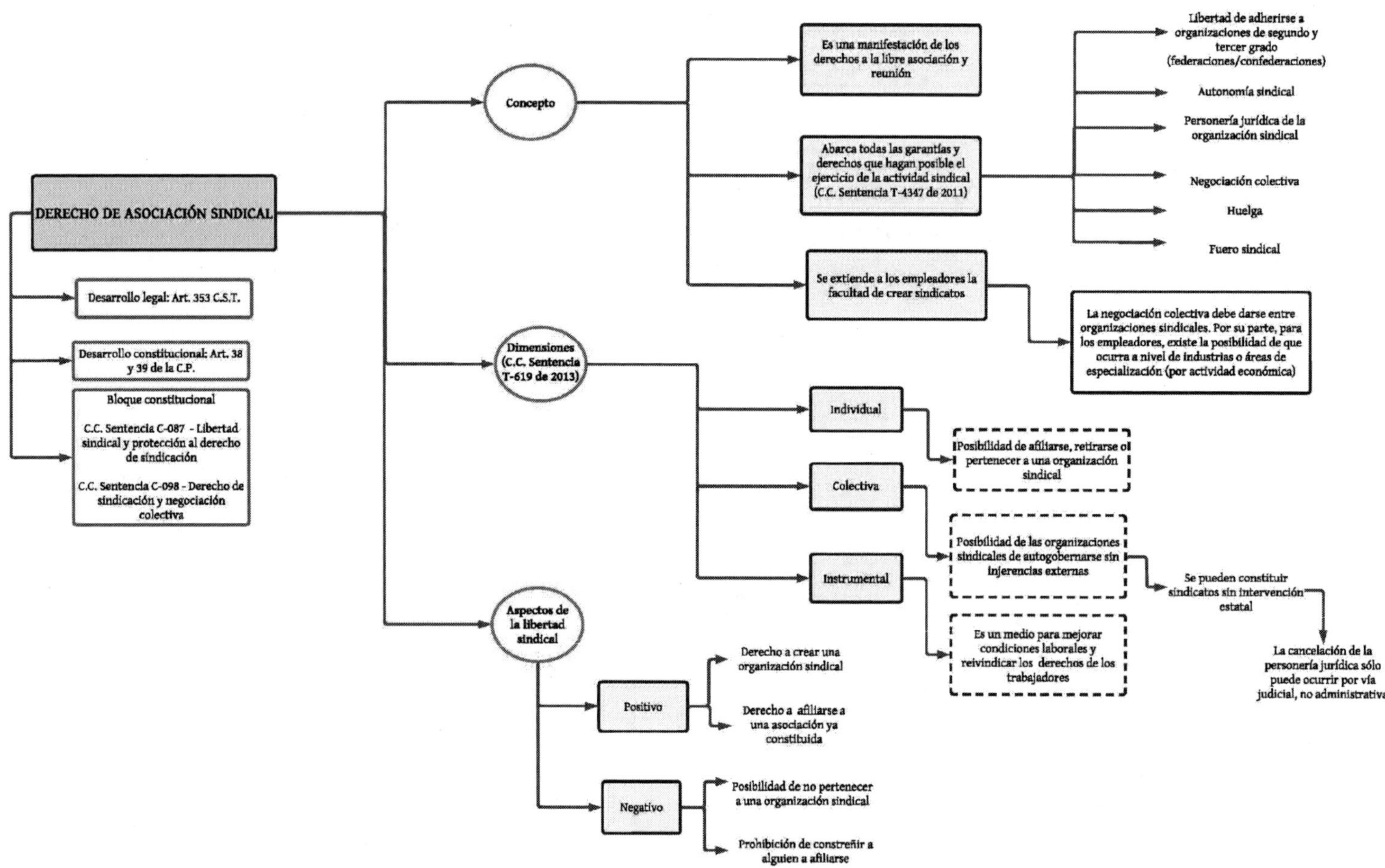
DERECHO DE ASOCIACIÓN SINDICAL
Desarrollo legal: Art. 353 C.S.T.
Desarrollo constitucional: Art. 38 y 39 de la C.P.
Bloque constitucional
C.C. Sentencia C-087 - Libertad sindical y protección al derecho de sindicación
C.C. Sentencia C-098 - Derecho de sindicación y negociación colectiva
Concepto
Es una manifestación de los derechos a la libre asociación y reunión
Abarca todas las garantías y derechos que hagan posible el ejercicio de la actividad sindical (C.C. Sentencia T-4347 de 2011)
Libertad de adherirse a organizaciones de segundo y tercer grado (federaciones/confederaciones)
Autonomía sindical
Personería jurídica de la organización sindical
Negociación colectiva
Huelga
Fuero sindical
Se extiende a los empleadores la facultad de crear sindicatos
La negociación colectiva debe darse entre organizaciones sindicales. Por su parte, para los empleadores, existe la posibilidad de que ocurra a nivel de industrias o áreas de especialización (por actividad económica)
Dimensiones (C.C. Sentencia T-619 de 2013)
Individual
Posibilidad de afiliarse, retirarse o pertenecer a una organización sindical
Colectiva
Posibilidad de las organizaciones sindicales de autogobernarse sin injerencias externas
Se pueden constituir sindicatos sin intervención estatal
La cancelación de la personería jurídica sólo puede ocurrir por vía judicial, no administrativa
Instrumental
Es un medio para mejorar condiciones laborales y reivindicar los derechos de los trabajadores
Aspectos de la libertad sindical
Positivo
Derecho a crear una organización sindical
Derecho a afiliarse a una asociación ya constituida
Negativo
Posibilidad de no pertenecer a una organización sindical
Prohibición de constreñir a alguien a afiliarse

1.3. DERECHO DE ASOCIACIÓN

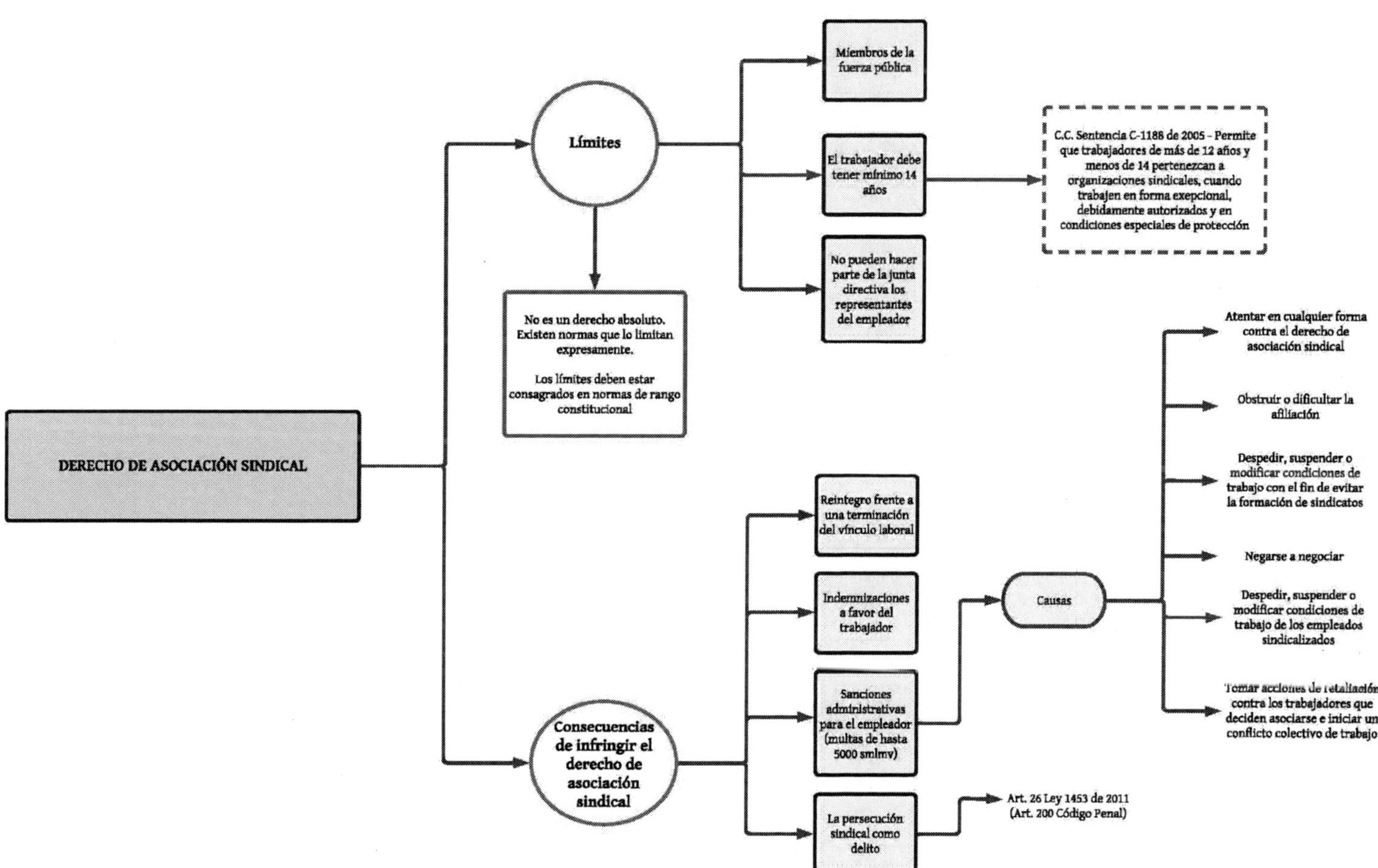
DERECHO DE ASOCIACIÓN SINDICAL
Límites
Miembros de la fuerza pública
El trabajador debe tener mínimo 14 años
C.C. Sentencia C-1188 de 2005 - Permite que trabajadores de más de 12 años y menos de 14 pertenezcan a organizaciones sindicales, cuando trabajen en forma exepcional, debidamente autorizados y en condiciones especiales de protección
No pueden hacer parte de la junta directiva los representantes del empleador
No es un derecho absoluto. Existen normas que lo limitan expresamente.
Los límites deben estar consagrados en normas de rango constitucional
Consecuencias de infringir el derecho de asociación sindical
Reintegro frente a una terminación del vínculo laboral
Indemnizaciones a favor del trabajador
Sanciones administrativas para el empleador (multas de hasta 5000 smlmv)
La persecución sindical como delito
Art. 26 Ley 1453 de 2011 (Art. 200 Código Penal)
Causas
Atentar en cualquier forma contra el derecho de asociación sindical
Obstruir o dificultar la afiliación
Despedir, suspender o modificar condiciones de trabajo con el fin de evitar la formación de sindicatos
Negarse a negociar
Despedir, suspender o modificar condiciones de trabajo de los empleados sindicalizados
Tomar acciones de retaliación contra los trabajadores que deciden asociarse e iniciar un conflicto colectivo de trabajo

Capítulo 2.
DERECHO A LA HUELGA

2.1. LA HUELGA: ASPECTOS GENERALES

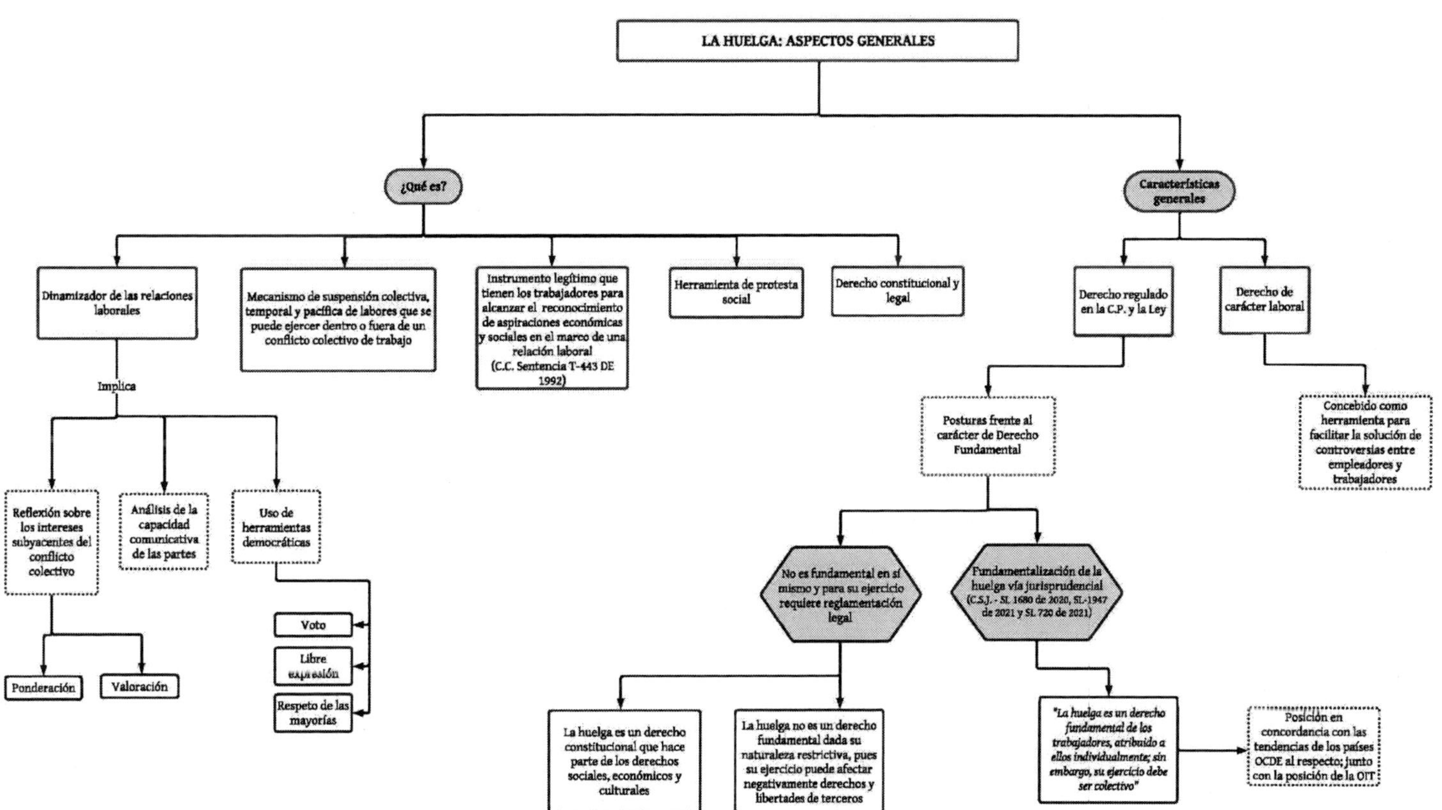
LA HUELGA: ASPECTOS GENERALES
¿Qué es?
Características generales
Dinamizador de las relaciones laborales
Mecanismo de suspensión colectiva, temporal y pacífica de labores que se puede ejercer dentro o fuera de un conflicto colectivo de trabajo
Instrumento legítimo que tienen los trabajadores para alcanzar el reconocimiento de aspiraciones económicas y sociales en el marco de una relación laboral (C.C. Sentencia T-443 DE 1992)
Herramienta de protesta social
Derecho constitucional y legal
Derecho regulado en la C.P. y la Ley
Derecho de carácter laboral
Implica
Reflexión sobre los intereses subyacentes del conflicto colectivo
Análisis de la capacidad comunicativa de las partes
Uso de herramientas democráticas
Ponderación
Valoración
Voto
Libre expresión
Respeto de las mayorías
Posturas frente al carácter de Derecho Fundamental
Concebido como herramienta para facilitar la solución de controversias entre empleadores y trabajadores
No es fundamental en sí mismo y para su ejercicio requiere reglamentación legal
Fundamentalización de la huelga vía jurisprudencial (C.S.J. - SL 1680 de 2020, SL-1947 de 2021 y SL 720 de 2021)
La huelga es un derecho constitucional que hace parte de los derechos sociales, económicos y culturales
La huelga no es un derecho fundamental dada su naturaleza restrictiva, pues su ejercicio puede afectar negativamente derechos y libertades de terceros
"La huelga es un derecho fundamental de los trabajadores, atribuido a ellos individualmente; sin embargo, su ejercicio debe ser colectivo"
Posición en concordancia con las tendencias de los países OCDE al respecto; junto con la posición de la OIT

2.2. LA HUELGA: ASPECTOS GENERALES

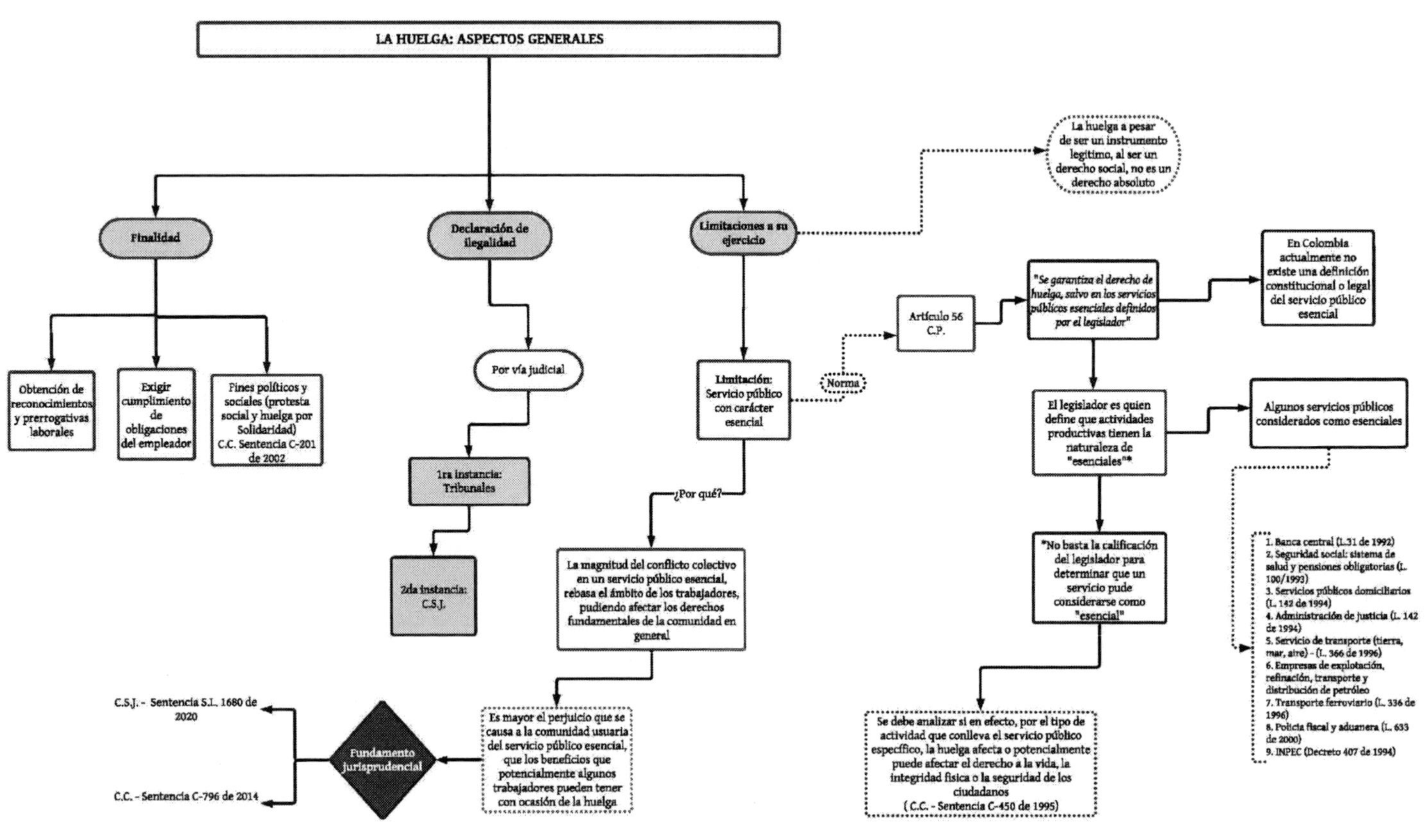
LA HUELGA: ASPECTOS GENERALES
Finalidad
Declaración de ilegalidad
Limitaciones a su ejercicio
La huelga a pesar de ser un instrumento legitimo, al ser un derecho social, no es un derecho absoluto
Obtención de reconocimientos y prerrogativas laborales
Exigir cumplimiento de obligaciones del empleador
Fines políticos y sociales (protesta social y huelga por Solidaridad) C.C. Sentencia C-201 de 2002
Por vía judicial
1ra instancia: Tribunales
2da instancia: C.S.J.
Limitación: Servicio público con carácter esencial
Norma
Artículo 56 C.P.
"Se garantiza el derecho de huelga, salvo en los servicios públicos esenciales definidos por el legislador"
En Colombia actualmente no existe una definición constitucional o legal del servicio público esencial
El legislador es quien define que actividades productivas tienen la naturaleza de "esenciales"*
Algunos servicios públicos considerados como esenciales
1. Banca central (L.31 de 1992)
2. Seguridad social: sistema de salud y pensiones obligatorias (L. 100/1993)
3. Servicios públicos domiciliarios (L. 142 de 1994)
4. Administración de justicia (L. 142 de 1994)
5. Servicio de transporte (tierra, mar, aire) - (L. 366 de 1996)
6. Empresas de explotación, refinación, transporte y distribución de petróleo
7. Transporte ferroviario (L. 336 de 1996)
8. Policia fiscal y aduanera (L. 633 de 2000)
9. INPEC (Decreto 407 de 1994)
"No basta la calificación del legislador para determinar que un servicio pude considerarse como "esencial"
Se debe analizar si en efecto, por el tipo de actividad que conlleva el servicio público específico, la huelga afecta o potencialmente puede afectar el derecho a la vida, la integridad física o la seguridad de los ciudadanos (C.C. - Sentencia C-450 de 1995)
¿Por qué?
La magnitud del conflicto colectivo en un servicio público esencial, rebasa el ámbito de los trabajadores, pudiendo afectar los derechos fundamentales de la comunidad en general
Es mayor el perjuicio que se causa a la comunidad usuaria del servicio público esencial, que los beneficios que potencialmente algunos trabajadores pueden tener con ocasión de la huelga
Fundamento jurisprudencial
C.S.J. - Sentencia S.L. 1680 de 2020
C.C. - Sentencia C-796 de 2014

2.3. TIPOS DE HUELGA: PERSPECTIVA TRADICIONAL

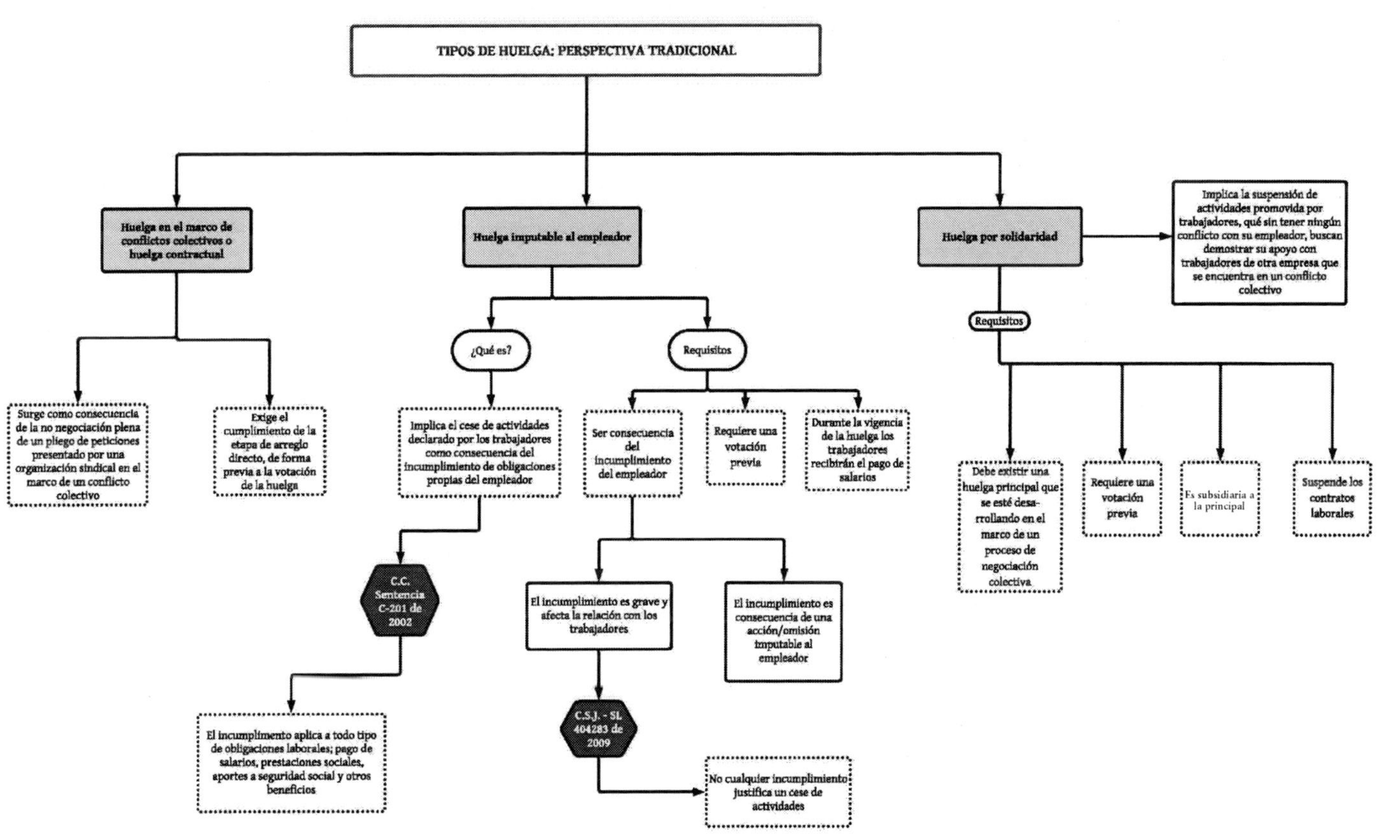
TIPOS DE HUELGA: PERSPECTIVA TRADICIONAL
Huelga en el marco de conflictos colectivos o huelga contractual
Surge como consecuencia de la no negociación plena de un pliego de peticiones presentado por una organización sindical en el marco de un conflicto colectivo
Exige el cumplimiento de la etapa de arreglo directo, de forma previa a la votación de la huelga
Huelga imputable al empleador
¿Qué es?
Implica el cese de actividades declarado por los trabajadores como consecuencia del incumplimiento de obligaciones propias del empleador
C.C. Sentencia C-201 de 2002
El incumplimiento aplica a todo tipo de obligaciones laborales; pago de salarios, prestaciones sociales, aportes a seguridad social y otros beneficios
Requisitos
Ser consecuencia del incumplimiento del empleador
El incumplimiento es grave y afecta la relación con los trabajadores
C.S.J. - SL 404283 de 2009
No cualquier incumplimiento justifica un cese de actividades
El incumplimiento es consecuencia de una acción/omisión imputable al empleador
Requiere una votación previa
Durante la vigencia de la huelga los trabajadores recibirán el pago de salarios
Huelga por solidaridad
Implica la suspensión de actividades promovida por trabajadores, qué sin tener ningún conflicto con su empleador, buscan demostrar su apoyo con trabajadores de otra empresa que se encuentra en un conflicto colectivo
Requisitos
Debe existir una huelga principal que se esté desa-rrollando en el marco de un proceso de negociación colectiva
Requiere una votación previa
Es subsidiaria a la principal
Suspende los contratos laborales

2.4. TIPOS DE HUELGA: TENDENCIAS ACTUALES

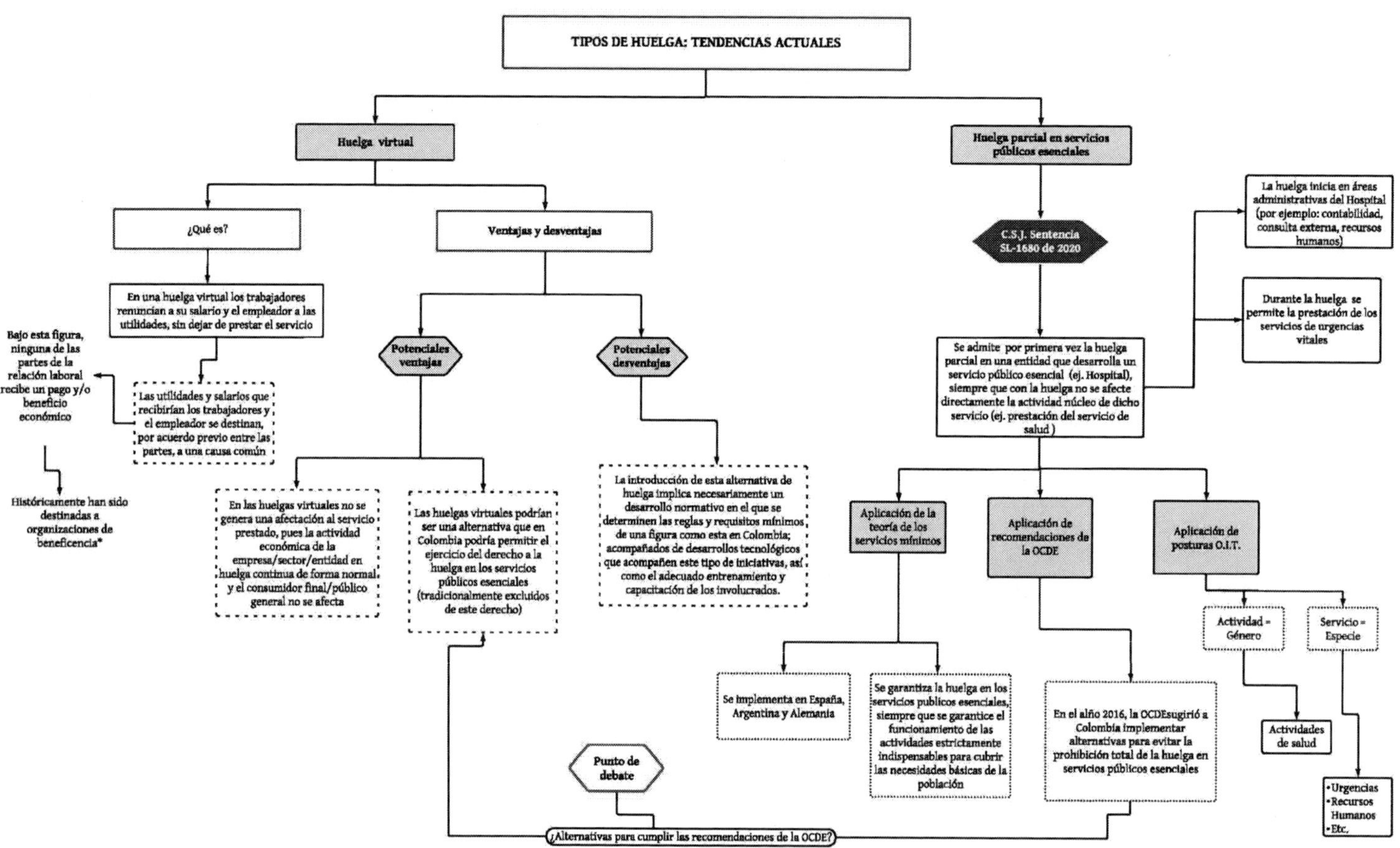
TIPOS DE HUELGA: TENDENCIAS ACTUALES
Huelga virtual
¿Qué es?
En una huelga virtual los trabajadores renuncian a su salario y el empleador a las utilidades, sin dejar de prestar el servicio
Las utilidades y salarios que recibirían los trabajadores y el empleador se destinan, por acuerdo previo entre las partes, a una causa común
Bajo esta figura, ninguna de las partes de la relación laboral recibe un pago y/o beneficio económico
Históricamente han sido destinadas a organizaciones de beneficencia*
Ventajas y desventajas
Potenciales ventajas
En las huelgas virtuales no se genera una afectación al servicio prestado, pues la actividad económica de la empresa/sector/entidad en huelga continua de forma normal, y el consumidor final/público general no se afecta
Las huelgas virtuales podrían ser una alternativa que en Colombia podría permitir el ejercicio del derecho a la huelga en los servicios públicos esenciales (tradicionalmente excluidos de este derecho)
Potenciales desventajas
La introducción de esta alternativa de huelga implica necesariamente un desarrollo normativo en el que se determinen las reglas y requisitos mínimos de una figura como esta en Colombia; acompañados de desarrollos tecnológicos que acompañen este tipo de iniciativas, así como el adecuado entrenamiento y capacitación de los involucrados.
Huelga parcial en servicios públicos esenciales
C.S.J. Sentencia SL-1680 de 2020
Se admite por primera vez la huelga parcial en una entidad que desarrolla un servicio público esencial (ej. Hospital), siempre que con la huelga no se afecte directamente la actividad núcleo de dicho servicio (ej. prestación del servicio de salud)
La huelga inicia en áreas administrativas del Hospital (por ejemplo: contabilidad, consulta externa, recursos humanos)
Durante la huelga se permite la prestación de los servicios de urgencias vitales
Aplicación de la teoría de los servicios mínimos
Se implementa en España, Argentina y Alemania
Se garantiza la huelga en los servicios publicos esenciales, siempre que se garantice el funcionamiento de las actividades estrictamente indispensables para cubrir las necesidades básicas de la población
Aplicación de recomendaciones de la OCDE
En el alño 2016, la OCDEsugirió a Colombia implementar alternativas para evitar la prohibición total de la huelga en servicios públicos esenciales
Aplicación de posturas O.I.T.
Actividad = Género
Actividades de salud
Servicio = Especie
•Urgencias
•Recursos Humanos
•Etc.
Punto de debate
¿Alternativas para cumplir las recomendaciones de la OCDE?

*A.Nicita y M.Rizzoli, Thecasefor thevirtual strike, n.° 8 PortugueseEconomic Journal 141-160 (2009).

2.5. TIPOS DE HUELGA: TENDENCIAS ACTUALES

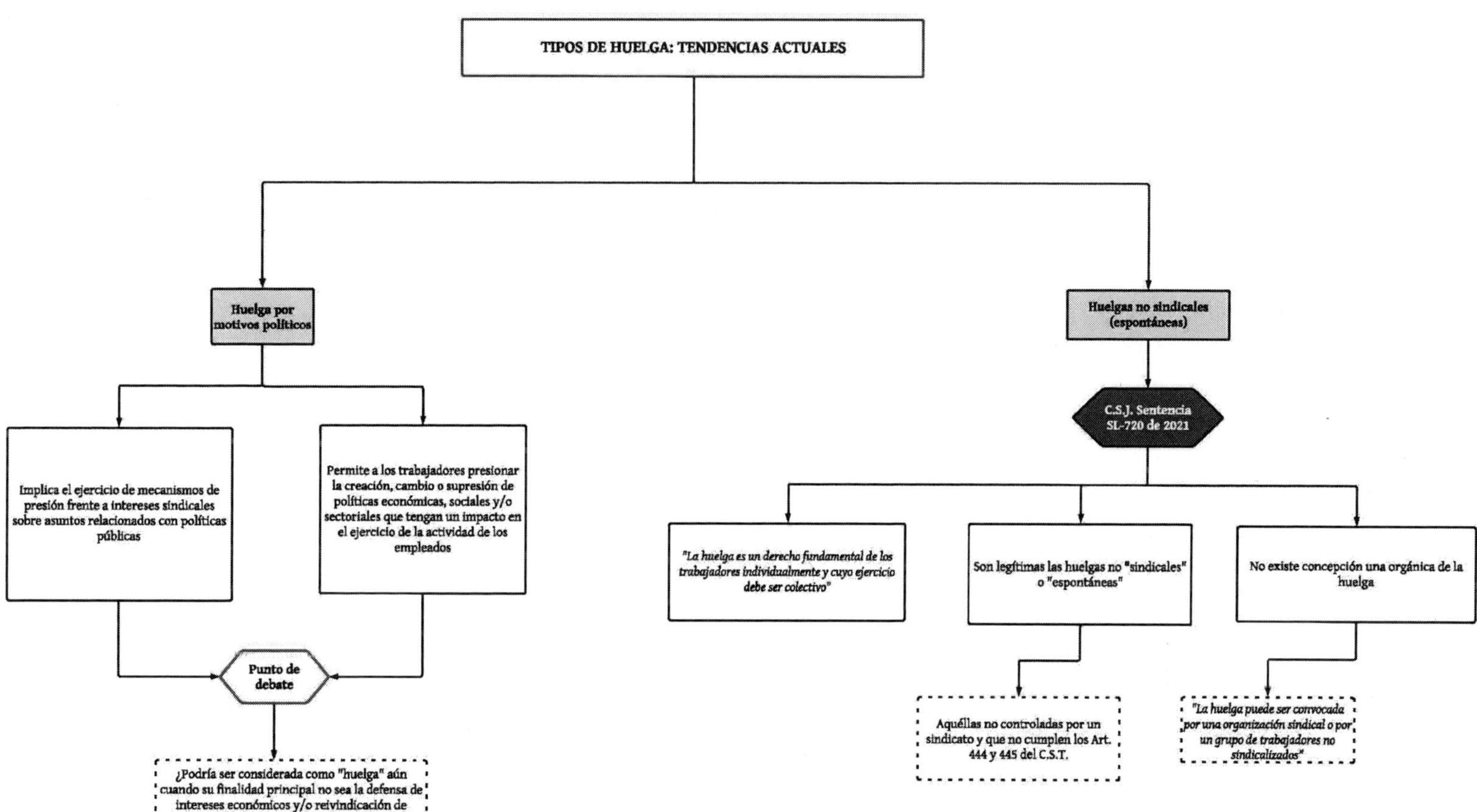
TIPOS DE HUELGA: TENDENCIAS ACTUALES
Huelga por motivos políticos
Implica el ejercicio de mecanismos de presión frente a intereses sindicales sobre asuntos relacionados con políticas públicas
Permite a los trabajadores presionar la creación, cambio o supresión de políticas económicas, sociales y/o sectoriales que tengan un impacto en el ejercicio de la actividad de los empleados
Punto de debate
¿Podría ser considerada como "huelga" aún cuando su finalidad principal no sea la defensa de intereses económicos y/o reivindicación de derechos laborales de los trabajadores?
Huelgas no sindicales (espontáneas)
C.S.J. Sentencia SL-720 de 2021
"La huelga es un derecho fundamental de los trabajadores individualmente y cuyo ejercicio debe ser colectivo"
Son legítimas las huelgas no "sindicales" o "espontáneas"
No existe concepción una orgánica de la huelga
Aquéllas no controladas por un sindicato y que no cumplen los Art. 444 y 445 del C.S.T.
"La huelga puede ser convocada por una organización sindical o por un grupo de trabajadores no sindicalizados"

2.6. HUELGAS ILEGALES Y EFECTOS PRÁCTICOS

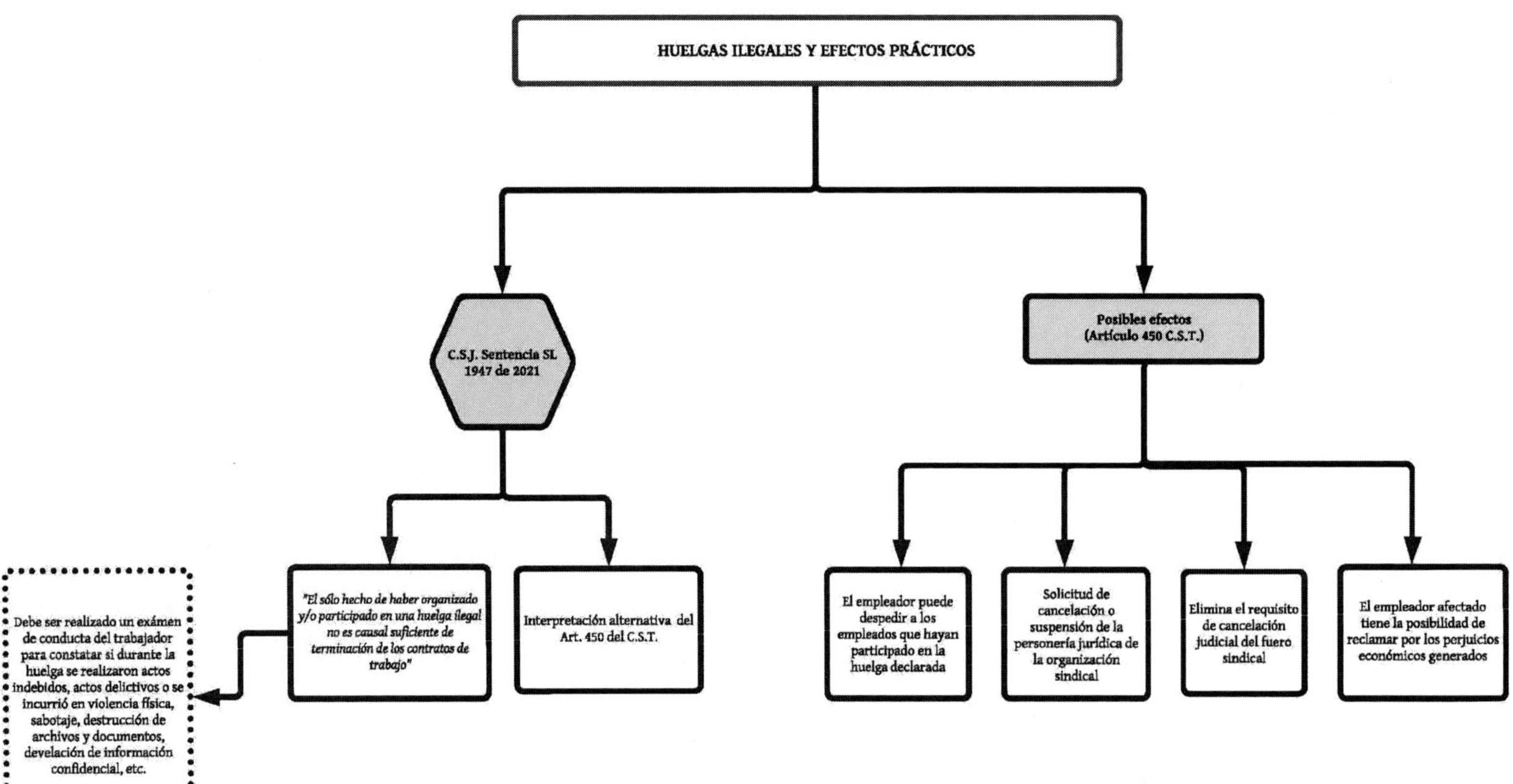
HUELGAS ILEGALES Y EFECTOS PRÁCTICOS
C.S.J. Sentencia SL 1947 de 2021
"El sólo hecho de haber organizado y/o participado en una huelga ilegal no es causal suficiente de terminación de los contratos de trabajo"
Debe ser realizado un exámen de conducta del trabajador para constatar si durante la huelga se realizaron actos indebidos, actos delictivos o se incurrió en violencia física, sabotaje, destrucción de archivos y documentos, develación de información confidencial, etc.
Interpretación alternativa del Art. 450 del C.S.T.
Posibles efectos (Artículo 450 C.S.T.)
El empleador puede despedir a los empleados que hayan participado en la huelga declarada
Solicitud de cancelación o suspensión de la personería jurídica de la organización sindical
Elimina el requisito de cancelación judicial del fuero sindical
El empleador afectado tiene la posibilidad de reclamar por los perjuicios económicos generados

Capítulo 3.
LAS ORGANIZACIONES SINDICALES

3.1. TIPOS DE ORGANIZACIONES SINDICALES

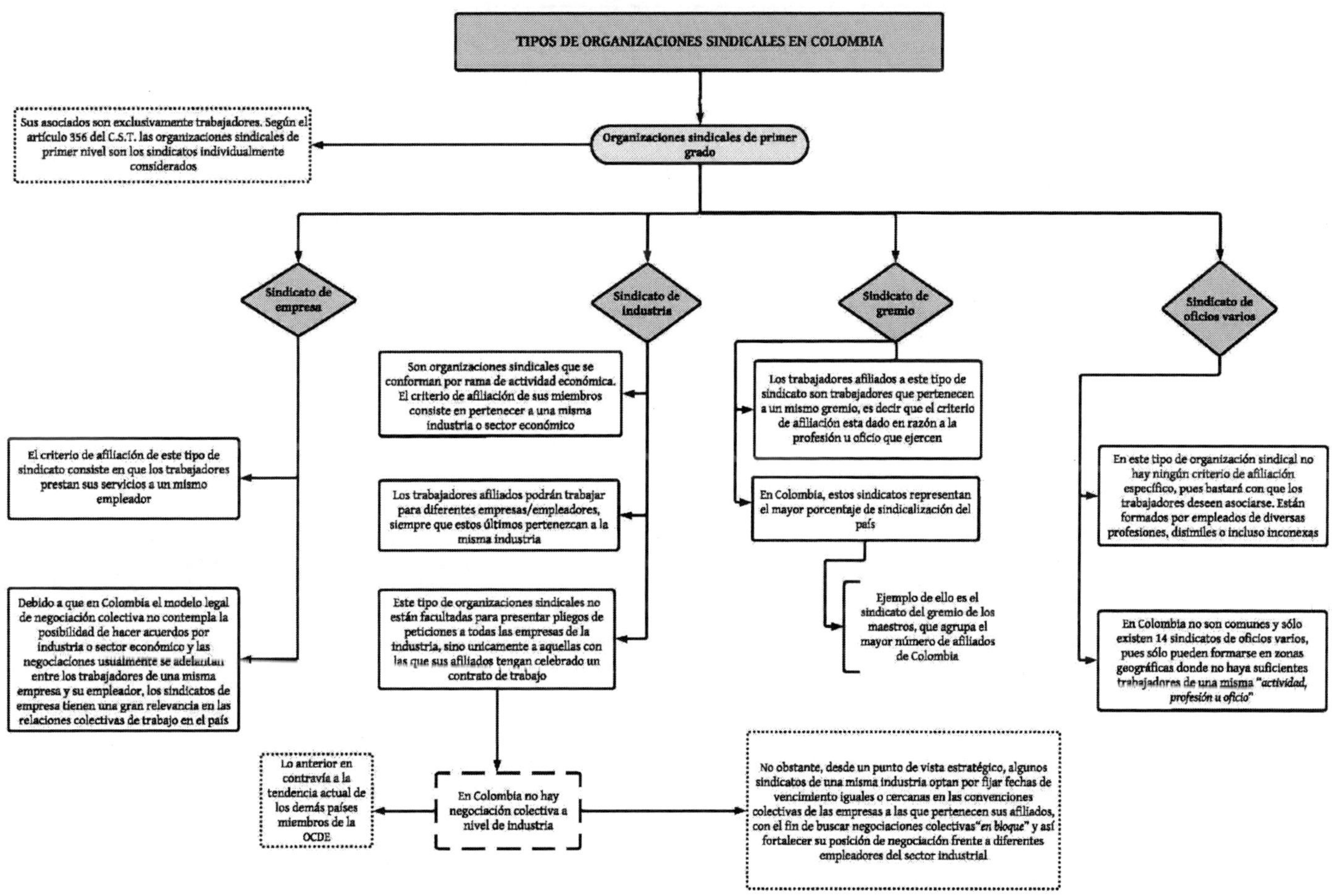
TIPOS DE ORGANIZACIONES SINDICALES EN COLOMBIA
Organizaciones sindicales de primer grado
Sus asociados son exclusivamente trabajadores. Según el artículo 356 del C.S.T. las organizaciones sindicales de primer nivel son los sindicatos individualmente considerados
Sindicato de empresa
El criterio de afiliación de este tipo de sindicato consiste en que los trabajadores prestan sus servicios a un mismo empleador
Debido a que en Colombia el modelo legal de negociación colectiva no contempla la posibilidad de hacer acuerdos por industria o sector económico y las negociaciones usualmente se adelantan entre los trabajadores de una misma empresa y su empleador, los sindicatos de empresa tienen una gran relevancia en las relaciones colectivas de trabajo en el país
Sindicato de industria
Son organizaciones sindicales que se conforman por rama de actividad económica. El criterio de afiliación de sus miembros consiste en pertenecer a una misma industria o sector económico
Los trabajadores afiliados podrán trabajar para diferentes empresas/empleadores, siempre que estos últimos pertenezcan a la misma industria
Este tipo de organizaciones sindicales no están facultadas para presentar pliegos de peticiones a todas las empresas de la industria, sino unicamente a aquellas con las que sus afiliados tengan celebrado un contrato de trabajo
En Colombia no hay negociación colectiva a nivel de industria
Lo anterior en contravía a la tendencia actual de los demás países miembros de la OCDE
No obstante, desde un punto de vista estratégico, algunos sindicatos de una misma industria optan por fijar fechas de vencimiento iguales o cercanas en las convenciones colectivas de las empresas a las que pertenecen sus afiliados, con el fin de buscar negociaciones colectivas "*en bloque*" y así fortalecer su posición de negociación frente a diferentes empleadores del sector industrial
Sindicato de gremio
Los trabajadores afiliados a este tipo de sindicato son trabajadores que pertenecen a un mismo gremio, es decir que el criterio de afiliación esta dado en razón a la profesión u oficio que ejercen
En Colombia, estos sindicatos representan el mayor porcentaje de sindicalización del país
Ejemplo de ello es el sindicato del gremio de los maestros, que agrupa el mayor número de afiliados de Colombia
Sindicato de oficios varios
En este tipo de organización sindical no hay ningún criterio de afiliación específico, pues bastará con que los trabajadores deseen asociarse. Están formados por empleados de diversas profesiones, disímiles o incluso inconexas
En Colombia no son comunes y sólo existen 14 sindicatos de oficios varios, pues sólo pueden formarse en zonas geográficas donde no haya suficientes trabajadores de una misma "*actividad, profesión u oficio*"

3.2. TIPOS DE ORGANIZACIONES SINDICALES

TIPOS DE ORGANIZACIONES SINDICALES EN COLOMBIA

Organizaciones sindicales de segundo grado

Son organizaciones sindicales que reúnen a varios sindicatos de primer grado. También son denominadas "*federaciones*"

Federación regional (local)

Requiere mínimo 10 sindicatos de primer nivel afiliados

Federación nacional

Requiere 20 o más sindicatos de primer nivel afiliados

Organizaciones sindicales de tercer grado

Son organizaciones integradas por federaciones (organizaciones sindicales de segundo grado) y sindicatos (organizaciones sindicales de primer grado). También se denominan "*confederaciones*" o "*centrales obreras*"

Rol de las Federaciones y las Confederaciones

Tanto las federaciones como las confederaciones son organizaciones con personería jurídica propia.

Su papel fundamental consiste en asesorar a los sindicatos de primer grado, ya que no pueden negociar por sí solas ni declarar huelgas, con excepción de la huelga por solidaridad.

Tienen asiento en la "*Comisión de Concertación Laboral*": órgano cuyo propósito es fomentar las buenas relaciones laborales, contribuir a la solución de los conflictos colectivos de trabajo y concertar las políticas salariales y laborales de carácter nacional.

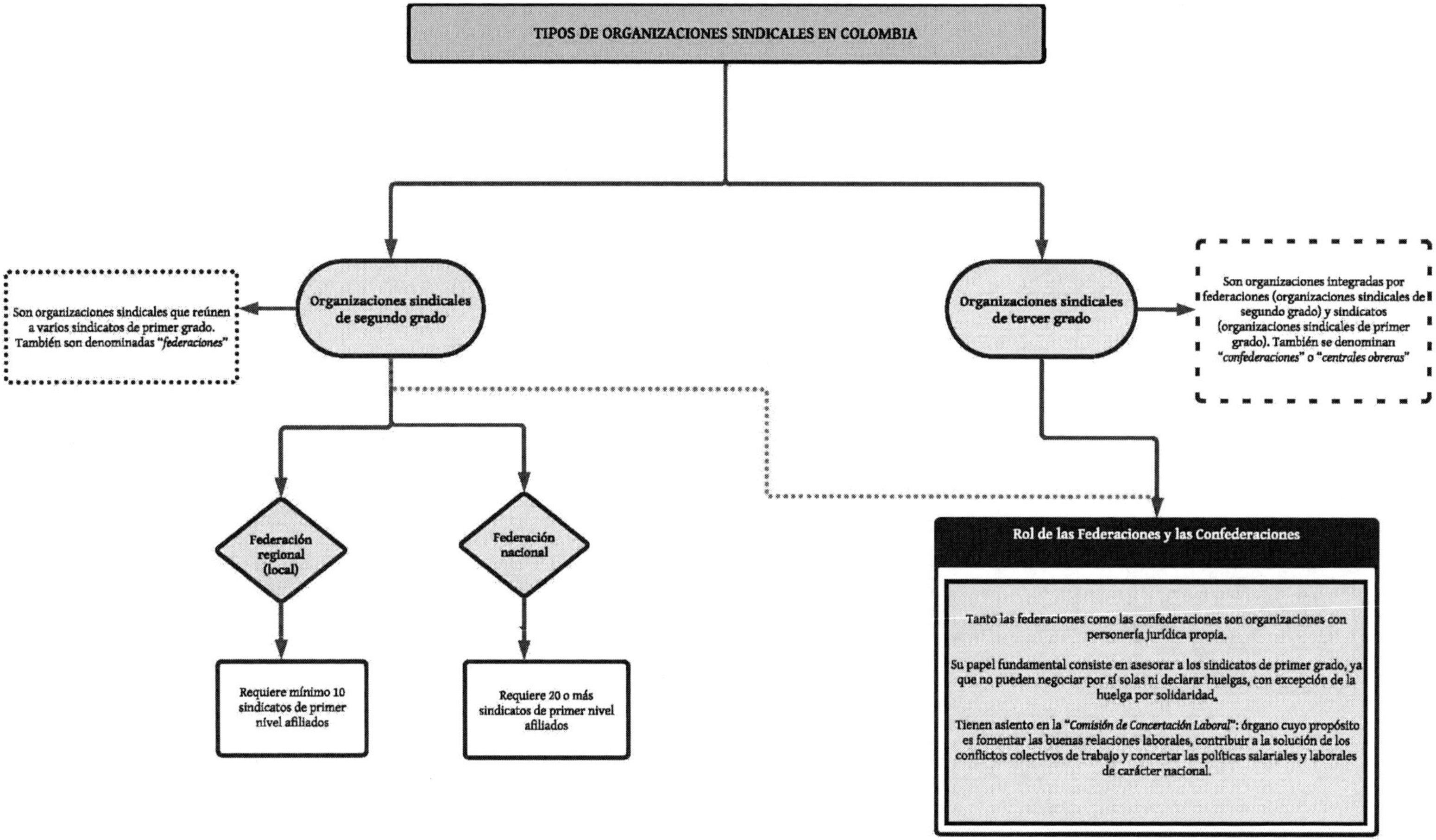

3.3. CREACIÓN DE ORGANIZACIONES SINDICALES

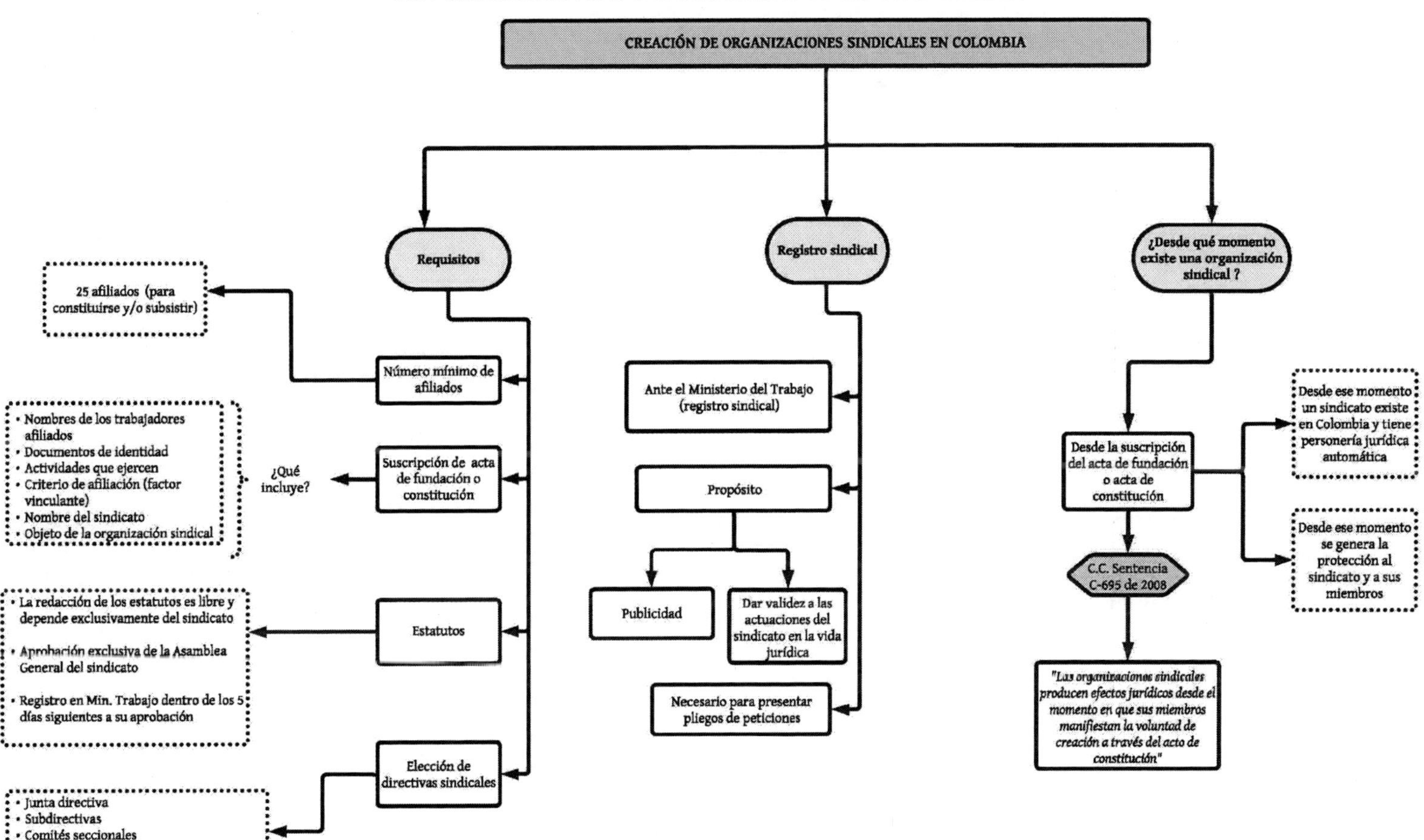
CREACIÓN DE ORGANIZACIONES SINDICALES EN COLOMBIA
Requisitos
Registro sindical
¿Desde qué momento existe una organización sindical ?
25 afiliados (para constituirse y/o subsistir)
Número mínimo de afiliados
• Nombres de los trabajadores afiliados
• Documentos de identidad
• Actividades que ejercen
• Criterio de afiliación (factor vinculante)
• Nombre del sindicato
• Objeto de la organización sindical
¿Qué incluye?
Suscripción de acta de fundación o constitución
• La redacción de los estatutos es libre y depende exclusivamente del sindicato
• Aprobación exclusiva de la Asamblea General del sindicato
• Registro en Min. Trabajo dentro de los 5 días siguientes a su aprobación
Estatutos
Elección de directivas sindicales
• Junta directiva
• Subdirectivas
• Comités seccionales
Ante el Ministerio del Trabajo (registro sindical)
Propósito
Publicidad
Dar validez a las actuaciones del sindicato en la vida jurídica
Necesario para presentar pliegos de peticiones
Desde la suscripción del acta de fundación o acta de constitución
Desde ese momento un sindicato existe en Colombia y tiene personería jurídica automática
Desde ese momento se genera la protección al sindicato y a sus miembros
C.C. Sentencia C-695 de 2008
"Las organizaciones sindicales producen efectos jurídicos desde el momento en que sus miembros manifiestan la voluntad de creación a través del acto de constitución"

3.4. ESTRUCTURA DE LOS SINDICATOS

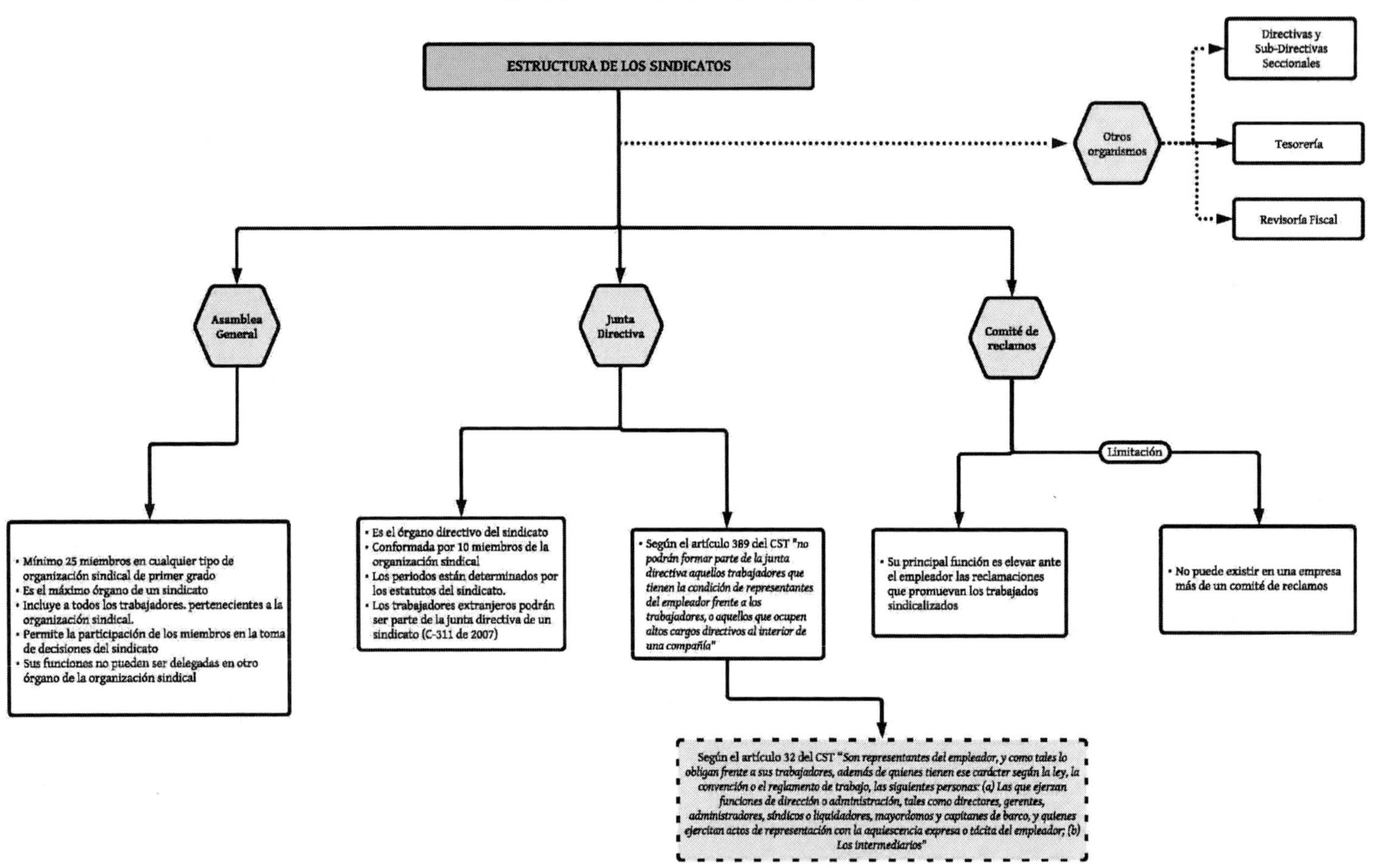
ESTRUCTURA DE LOS SINDICATOS
Otros organismos
Directivas y Sub-Directivas Seccionales
Tesorería
Revisoría Fiscal
Asamblea General
Junta Directiva
Comité de reclamos
• Mínimo 25 miembros en cualquier tipo de organización sindical de primer grado
• Es el máximo órgano de un sindicato
• Incluye a todos los trabajadores. pertenecientes a la organización sindical.
• Permite la participación de los miembros en la toma de decisiones del sindicato
• Sus funciones no pueden ser delegadas en otro órgano de la organización sindical
• Es el órgano directivo del sindicato
• Conformada por 10 miembros de la organización sindical
• Los periodos están determinados por los estatutos del sindicato.
• Los trabajadores extranjeros podrán ser parte de la junta directiva de un sindicato (C-311 de 2007)
• Según el artículo 389 del CST "*no podrán formar parte de la junta directiva aquellos trabajadores que tienen la condición de representantes del empleador frente a los trabajadores, o aquellos que ocupen altos cargos directivos al interior de una compañía*"
Según el artículo 32 del CST "*Son representantes del empleador, y como tales lo obligan frente a sus trabajadores, además de quienes tienen ese carácter según la ley, la convención o el reglamento de trabajo, las siguientes personas: (a) Las que ejerzan funciones de dirección o administración, tales como directores, gerentes, administradores, síndicos o liquidadores, mayordomos y capitanes de barco, y quienes ejercitan actos de representación con la aquiescencia expresa o tácita del empleador; (b) Los intermediarios*"
Limitación
• Su principal función es elevar ante el empleador las reclamaciones que promuevan los trabajados sindicalizados
• No puede existir en una empresa más de un comité de reclamos

Capítulo 4.
EL CONFLICTO COLECTIVO

4.1. ASPECTOS GENERALES DE LOS CONFLICTOS COLECTIVOS

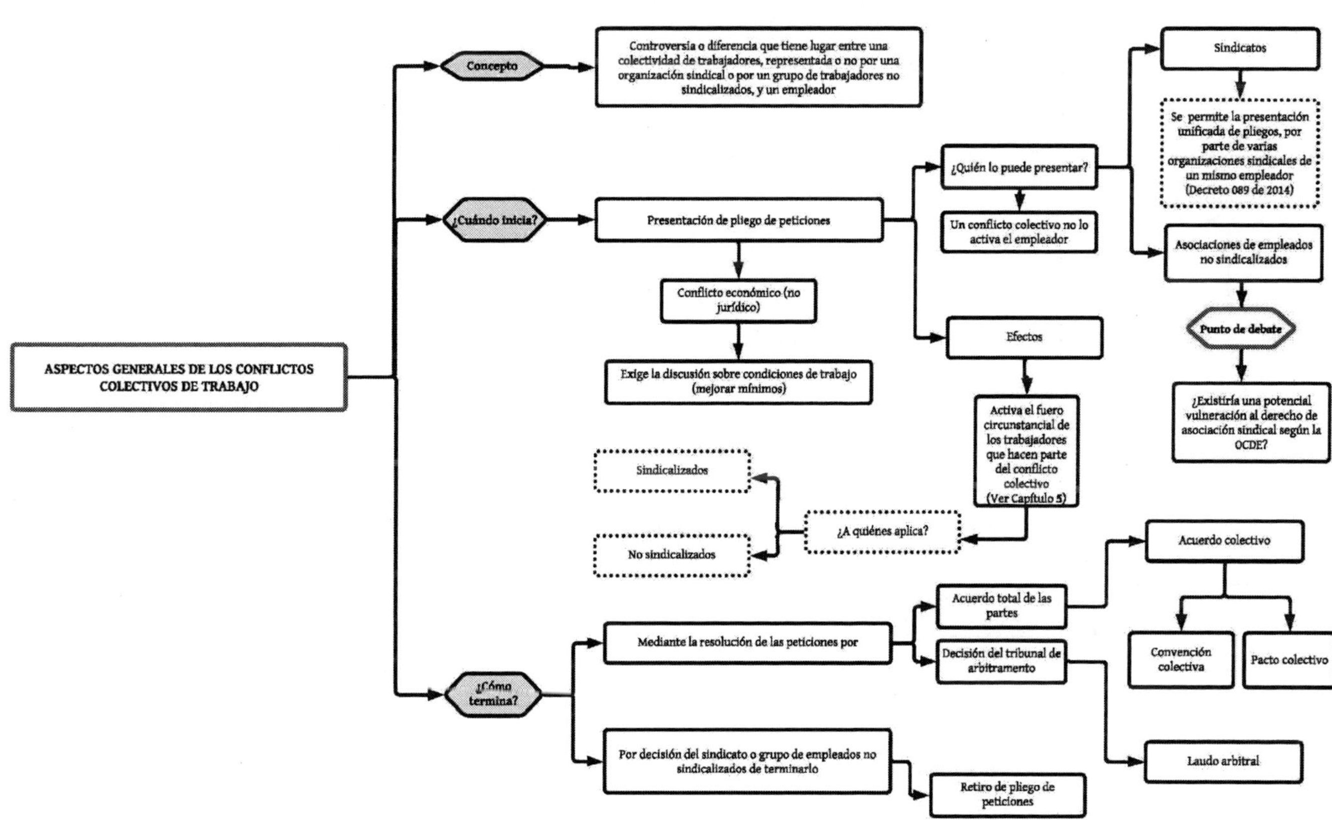
ASPECTOS GENERALES DE LOS CONFLICTOS COLECTIVOS DE TRABAJO
Concepto
Controversia o diferencia que tiene lugar entre una colectividad de trabajadores, representada o no por una organización sindical o por un grupo de trabajadores no sindicalizados, y un empleador
¿Cuándo inicia?
Presentación de pliego de peticiones
Conflicto económico (no jurídico)
Exige la discusión sobre condiciones de trabajo (mejorar mínimos)
¿Quién lo puede presentar?
Un conflicto colectivo no lo activa el empleador
Sindicatos
Se permite la presentación unificada de pliegos, por parte de varias organizaciones sindicales de un mismo empleador (Decreto 089 de 2014)
Asociaciones de empleados no sindicalizados
Punto de debate
¿Existiría una potencial vulneración al derecho de asociación sindical según la OCDE?
Efectos
Activa el fuero circunstancial de los trabajadores que hacen parte del conflicto colectivo (Ver Capítulo 5)
¿A quiénes aplica?
Sindicalizados
No sindicalizados
¿Cómo termina?
Mediante la resolución de las peticiones por
Acuerdo total de las partes
Acuerdo colectivo
Convención colectiva
Pacto colectivo
Decisión del tribunal de arbitramento
Laudo arbitral
Por decisión del sindicato o grupo de empleados no sindicalizados de terminarlo
Retiro de pliego de peticiones

4.2. CONFLICTO COLECTIVO: LÍNEA DEL TIEMPO

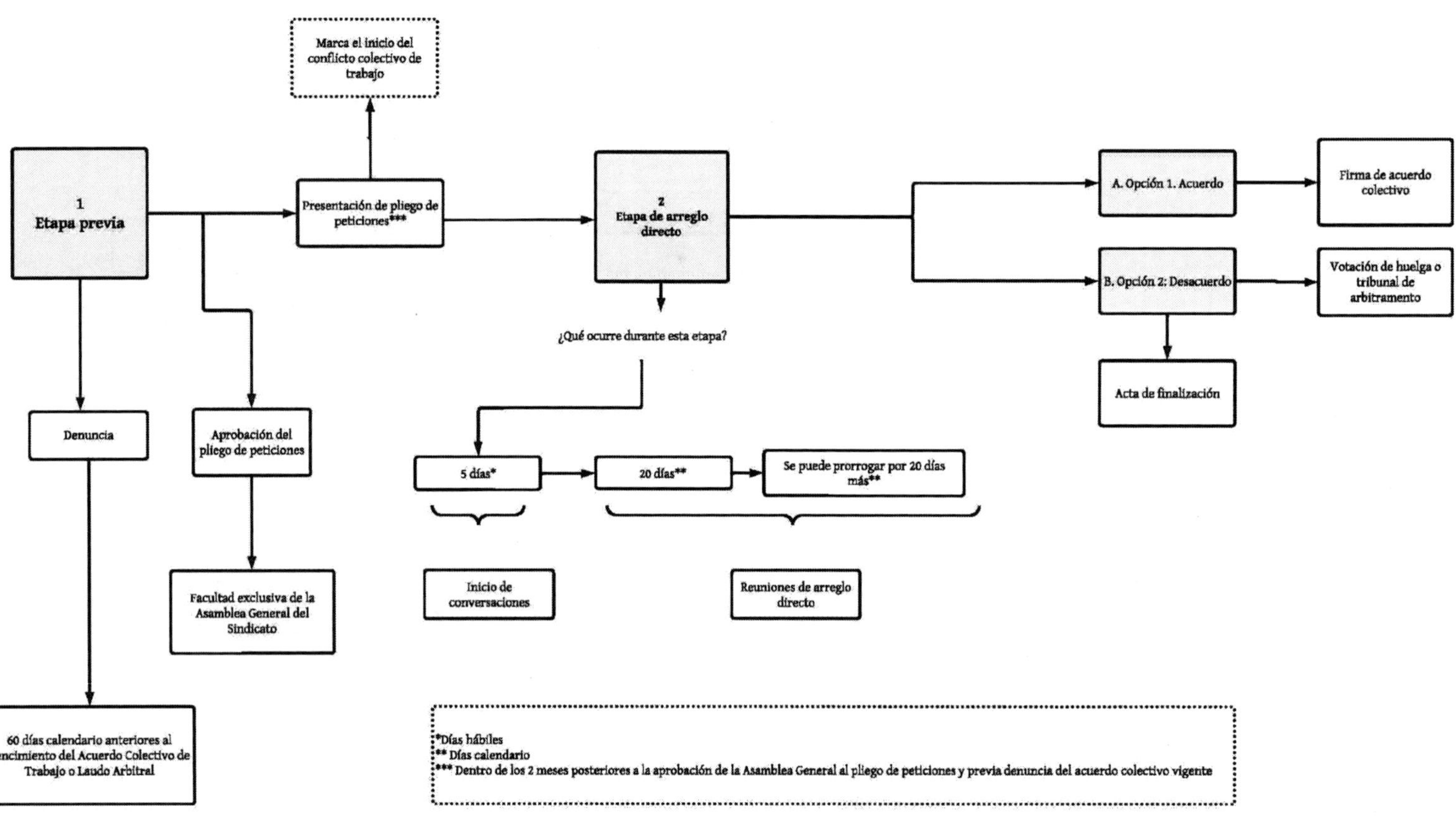

4.3. ETAPA PREVIA

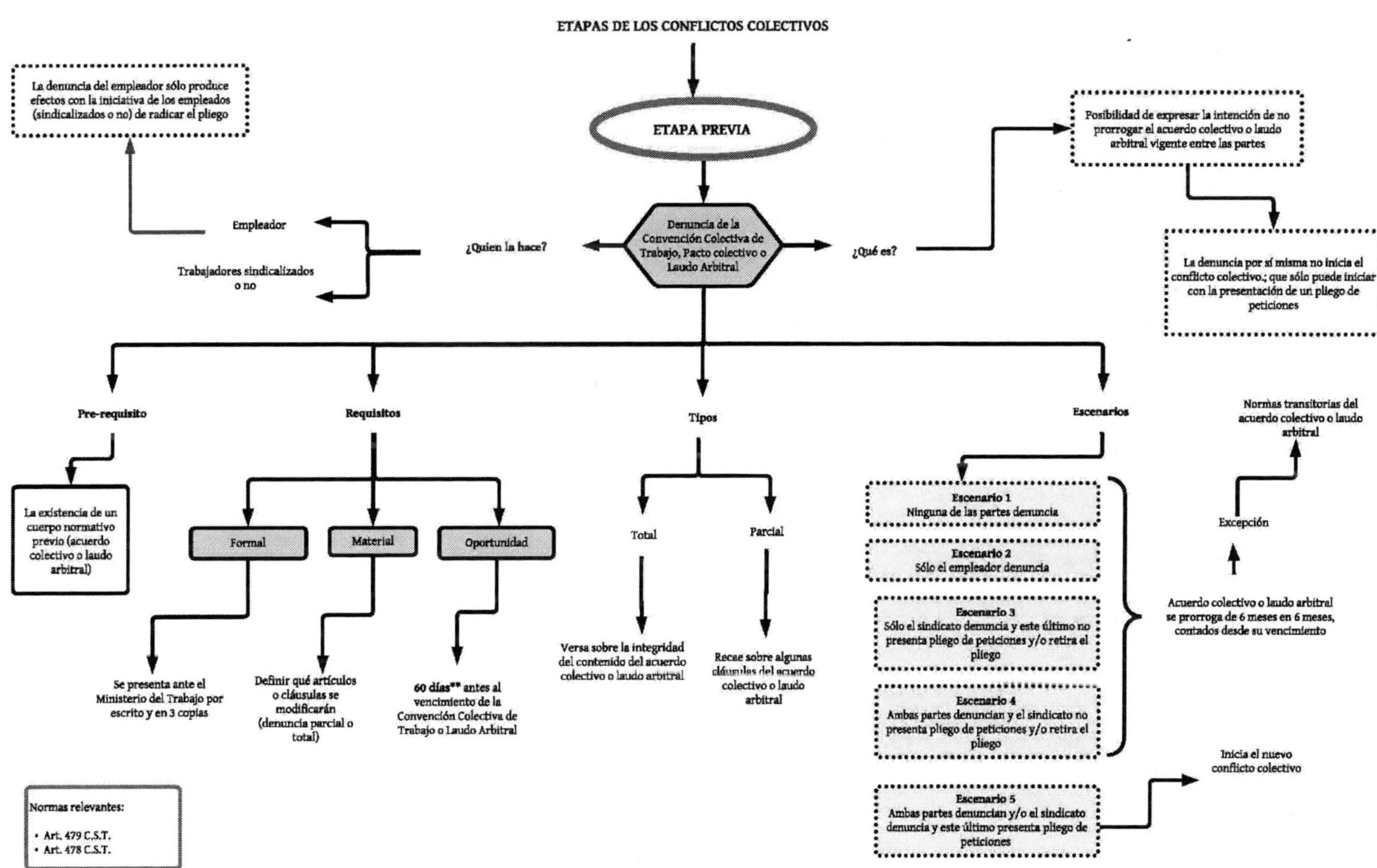
ETAPAS DE LOS CONFLICTOS COLECTIVOS
ETAPA PREVIA
Denuncia de la Convención Colectiva de Trabajo, Pacto colectivo o Laudo Arbitral
¿Quien la hace?
Empleador
Trabajadores sindicalizados o no
La denuncia del empleador sólo produce efectos con la iniciativa de los empleados (sindicalizados o no) de radicar el pliego
¿Qué es?
Posibilidad de expresar la intención de no prorrogar el acuerdo colectivo o laudo arbitral vigente entre las partes
La denuncia por sí misma no inicia el conflicto colectivo.; que sólo puede iniciar con la presentación de un pliego de peticiones
Pre-requisito
La existencia de un cuerpo normativo previo (acuerdo colectivo o laudo arbitral)
Requisitos
Formal
Material
Oportunidad
Se presenta ante el Ministerio del Trabajo por escrito y en 3 copias
Definir qué artículos o cláusulas se modificarán (denuncia parcial o total)
60 días** antes al vencimiento de la Convención Colectiva de Trabajo o Laudo Arbitral
Tipos
Total
Parcial
Versa sobre la integridad del contenido del acuerdo colectivo o laudo arbitral
Recae sobre algunas cláusulas del acuerdo colectivo o laudo arbitral
Escenarios
Escenario 1
Ninguna de las partes denuncia
Escenario 2
Sólo el empleador denuncia
Escenario 3
Sólo el sindicato denuncia y este último no presenta pliego de peticiones y/o retira el pliego
Escenario 4
Ambas partes denuncian y el sindicato no presenta pliego de peticiones y/o retira el pliego
Acuerdo colectivo o laudo arbitral se prorroga de 6 meses en 6 meses, contados desde su vencimiento
Excepción
Normas transitorias del acuerdo colectivo o laudo arbitral
Escenario 5
Ambas partes denuncian y/o el sindicato denuncia y este último presenta pliego de peticiones
Inicia el nuevo conflicto colectivo
Normas relevantes:
• Art. 479 C.S.T.
• Art. 478 C.S.T.

4.4. ETAPA DE ARREGLO DIRECTO

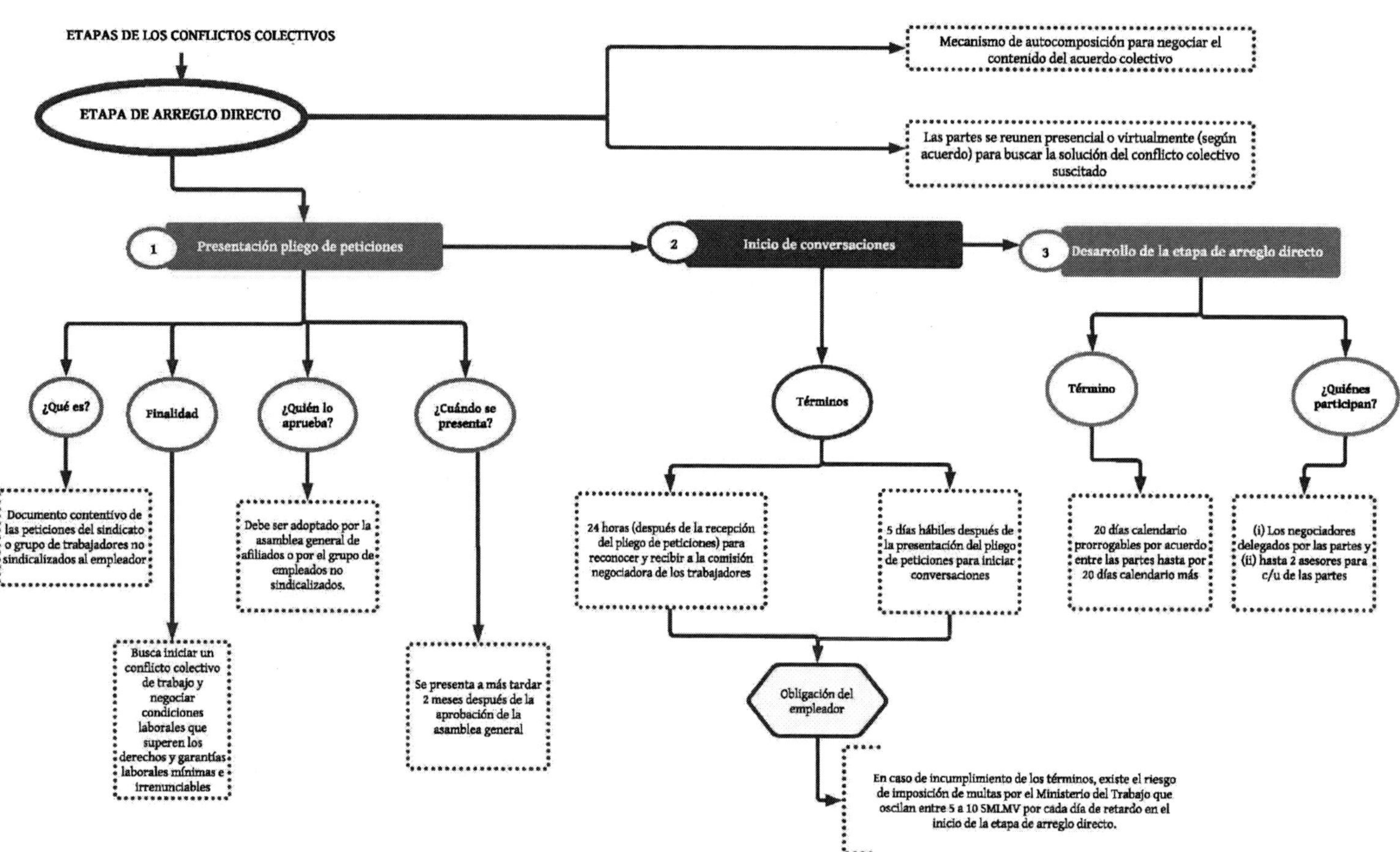
ETAPAS DE LOS CONFLICTOS COLECTIVOS
ETAPA DE ARREGLO DIRECTO
Mecanismo de autocomposición para negociar el contenido del acuerdo colectivo
Las partes se reunen presencial o virtualmente (según acuerdo) para buscar la solución del conflicto colectivo suscitado
1 Presentación pliego de peticiones
2 Inicio de conversaciones
3 Desarrollo de la etapa de arreglo directo
¿Qué es?
Finalidad
¿Quién lo aprueba?
¿Cuándo se presenta?
Documento contentivo de las peticiones del sindicato o grupo de trabajadores no sindicalizados al empleador
Busca iniciar un conflicto colectivo de trabajo y negociar condiciones laborales que superen los derechos y garantías laborales mínimas e irrenunciables
Debe ser adoptado por la asamblea general de afiliados o por el grupo de empleados no sindicalizados.
Se presenta a más tardar 2 meses después de la aprobación de la asamblea general
Términos
24 horas (después de la recepción del pliego de peticiones) para reconocer y recibir a la comisión negociadora de los trabajadores
5 días hábiles después de la presentación del pliego de peticiones para iniciar conversaciones
Obligación del empleador
En caso de incumplimiento de los términos, existe el riesgo de imposición de multas por el Ministerio del Trabajo que oscilan entre 5 a 10 SMLMV por cada día de retardo en el inicio de la etapa de arreglo directo.
Término
20 días calendario prorrogables por acuerdo entre las partes hasta por 20 días calendario más
¿Quiénes participan?
(i) Los negociadores delegados por las partes y (ii) hasta 2 asesores para c/u de las partes

4.5. ETAPA DE ARREGLO DIRECTO

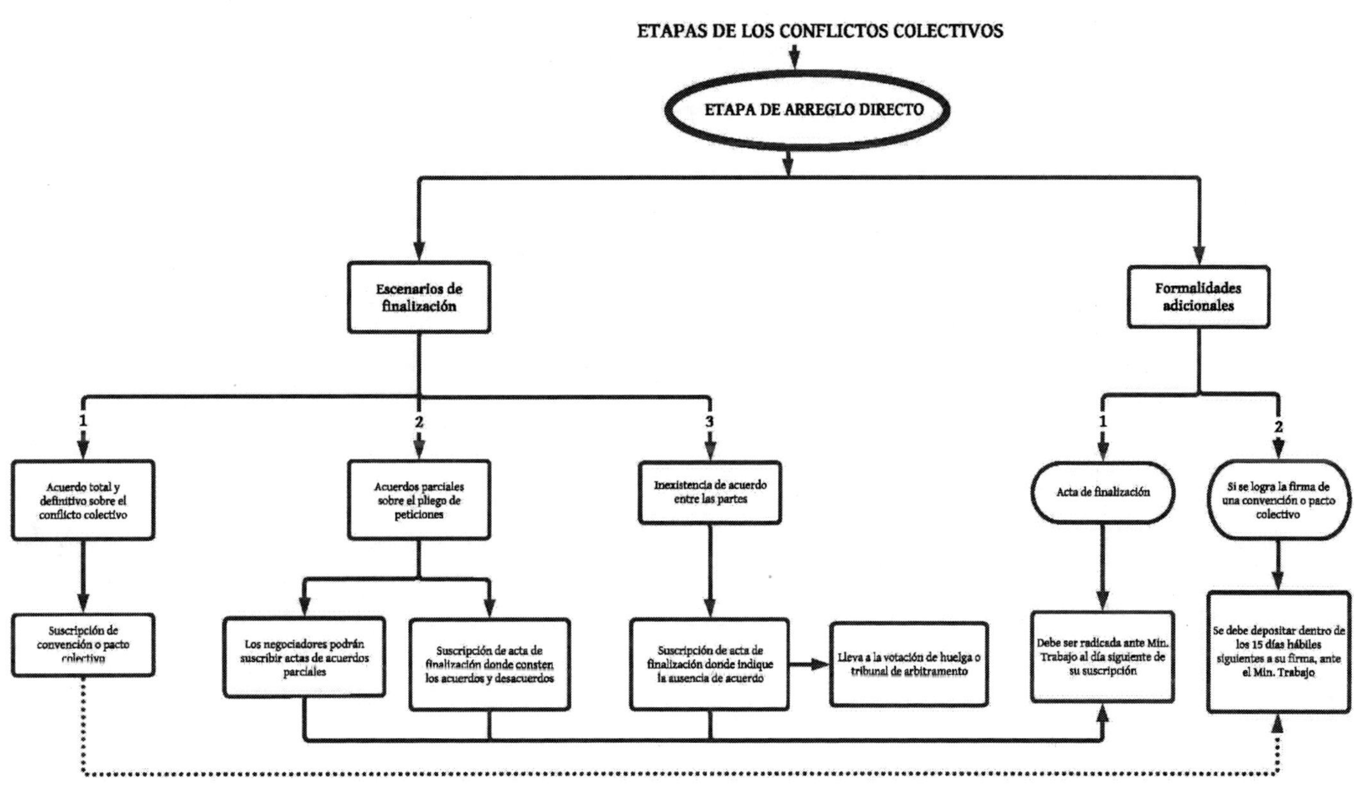
ETAPAS DE LOS CONFLICTOS COLECTIVOS
ETAPA DE ARREGLO DIRECTO
Escenarios de finalización
Formalidades adicionales
1
2
3
Acuerdo total y definitivo sobre el conflicto colectivo
Acuerdos parciales sobre el pliego de peticiones
Inexistencia de acuerdo entre las partes
Acta de finalización
Si se logra la firma de una convención o pacto colectivo
Suscripción de convención o pacto colectivo
Los negociadores podrán suscribir actas de acuerdos parciales
Suscripción de acta de finalización donde consten los acuerdos y desacuerdos
Suscripción de acta de finalización donde indique la ausencia de acuerdo
Lleva a la votación de huelga o tribunal de arbitramento
Debe ser radicada ante Min. Trabajo al día siguiente de su suscripción
Se debe depositar dentro de los 15 días hábiles siguientes a su firma, ante el Min. Trabajo

4.6. ETAPA DE ARREGLO DIRECTO

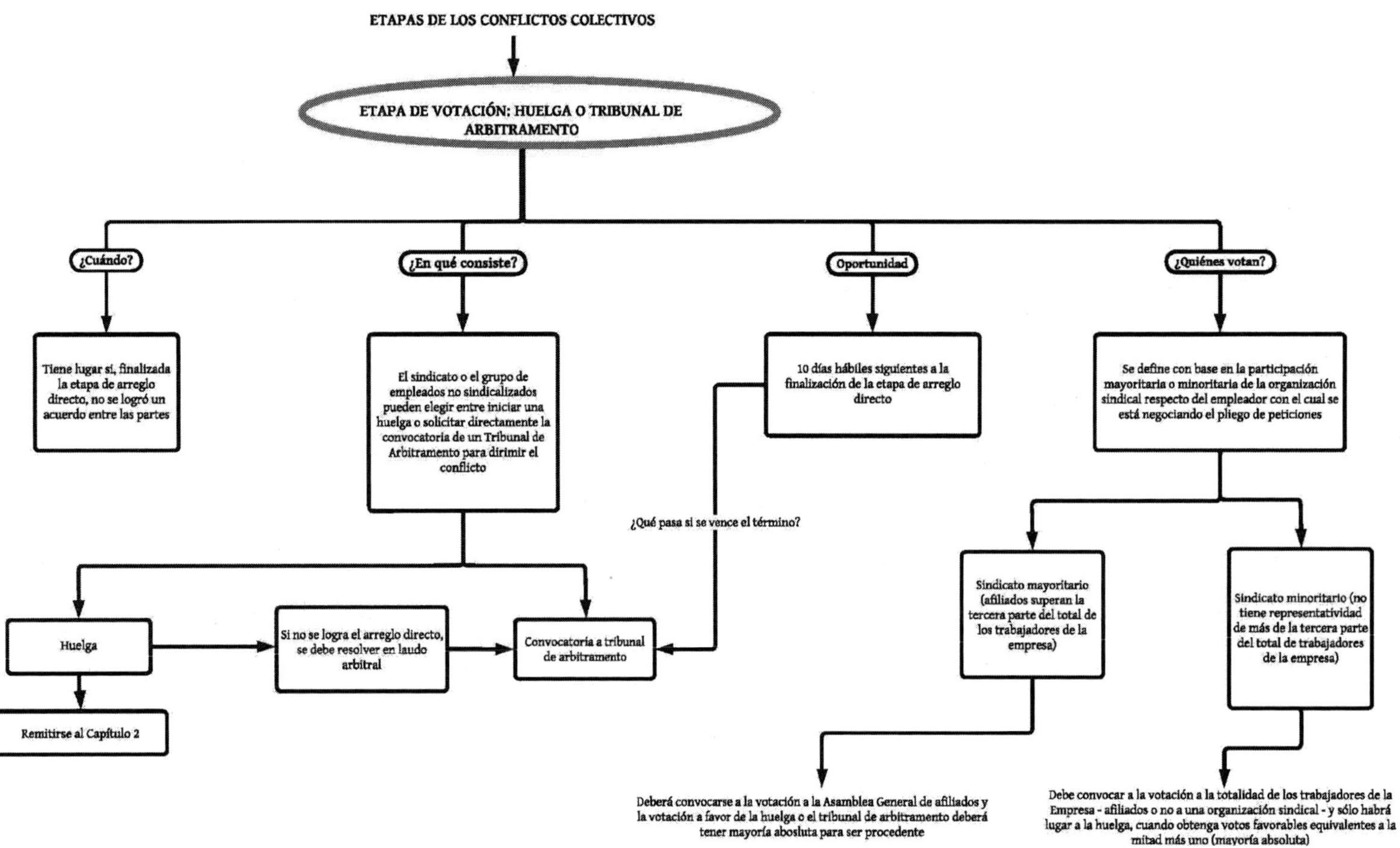
ETAPAS DE LOS CONFLICTOS COLECTIVOS
ETAPA DE VOTACIÓN: HUELGA O TRIBUNAL DE ARBITRAMENTO
¿Cuándo?
¿En qué consiste?
Oportunidad
¿Quiénes votan?
Tiene lugar si, finalizada la etapa de arreglo directo, no se logró un acuerdo entre las partes
El sindicato o el grupo de empleados no sindicalizados pueden elegir entre iniciar una huelga o solicitar directamente la convocatoria de un Tribunal de Arbitramento para dirimir el conflicto
10 días hábiles siguientes a la finalización de la etapa de arreglo directo
Se define con base en la participación mayoritaria o minoritaria de la organización sindical respecto del empleador con el cual se está negociando el pliego de peticiones
¿Qué pasa si se vence el término?
Huelga
Si no se logra el arreglo directo, se debe resolver en laudo arbitral
Convocatoria a tribunal de arbitramento
Remitirse al Capítulo 2
Sindicato mayoritario (afiliados superan la tercera parte del total de los trabajadores de la empresa)
Sindicato minoritario (no tiene representatividad de más de la tercera parte del total de trabajadores de la empresa)
Deberá convocarse a la votación a la Asamblea General de afiliados y la votación a favor de la huelga o el tribunal de arbitramento deberá tener mayoría abosluta para ser procedente
Debe convocar a la votación a la totalidad de los trabajadores de la Empresa - afiliados o no a una organización sindical - y sólo habrá lugar a la huelga, cuando obtenga votos favorables equivalentes a la mitad más uno (mayoría absoluta)

Capítulo 5.
FUEROS SINDICALES

5.1. FUEROS EN EL DERECHO COLECTIVO

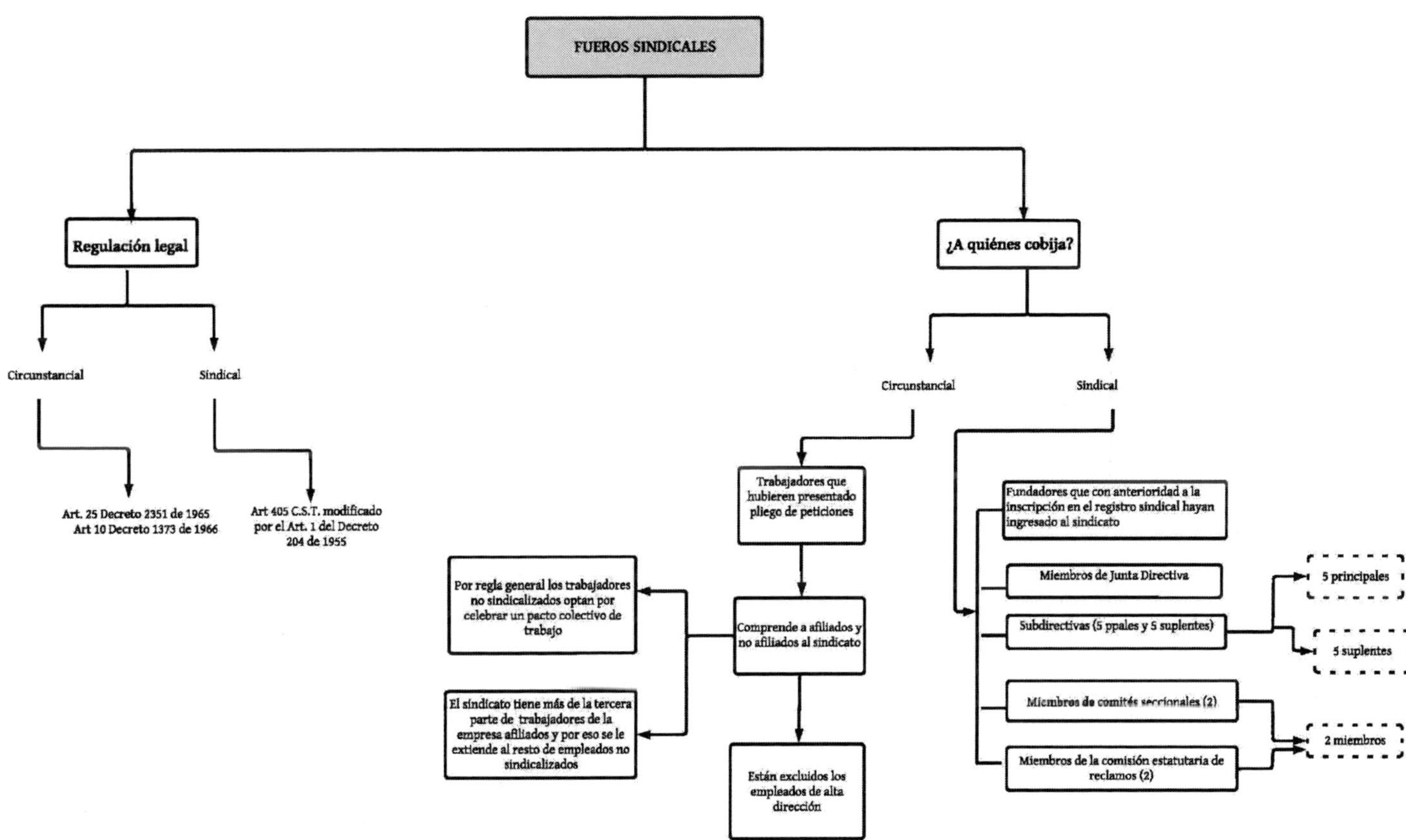
FUEROS SINDICALES
Regulación legal
Circunstancial
Sindical
Art. 25 Decreto 2351 de 1965
Art 10 Decreto 1373 de 1966
Art 405 C.S.T. modificado por el Art. 1 del Decreto 204 de 1955
¿A quiénes cobija?
Circunstancial
Sindical
Trabajadores que hubieren presentado pliego de peticiones
Comprende a afiliados y no afiliados al sindicato
Por regla general los trabajadores no sindicalizados optan por celebrar un pacto colectivo de trabajo
El sindicato tiene más de la tercera parte de trabajadores de la empresa afiliados y por eso se le extiende al resto de empleados no sindicalizados
Están excluidos los empleados de alta dirección
Fundadores que con anterioridad a la inscripción en el registro sindical hayan ingresado al sindicato
Miembros de Junta Directiva
Subdirectivas (5 ppales y 5 suplentes)
5 principales
5 suplentes
Miembros de comités seccionales (2)
Miembros de la comisión estatutaria de reclamos (2)
2 miembros

5.2. FUEROS EN EL DERECHO COLECTIVO

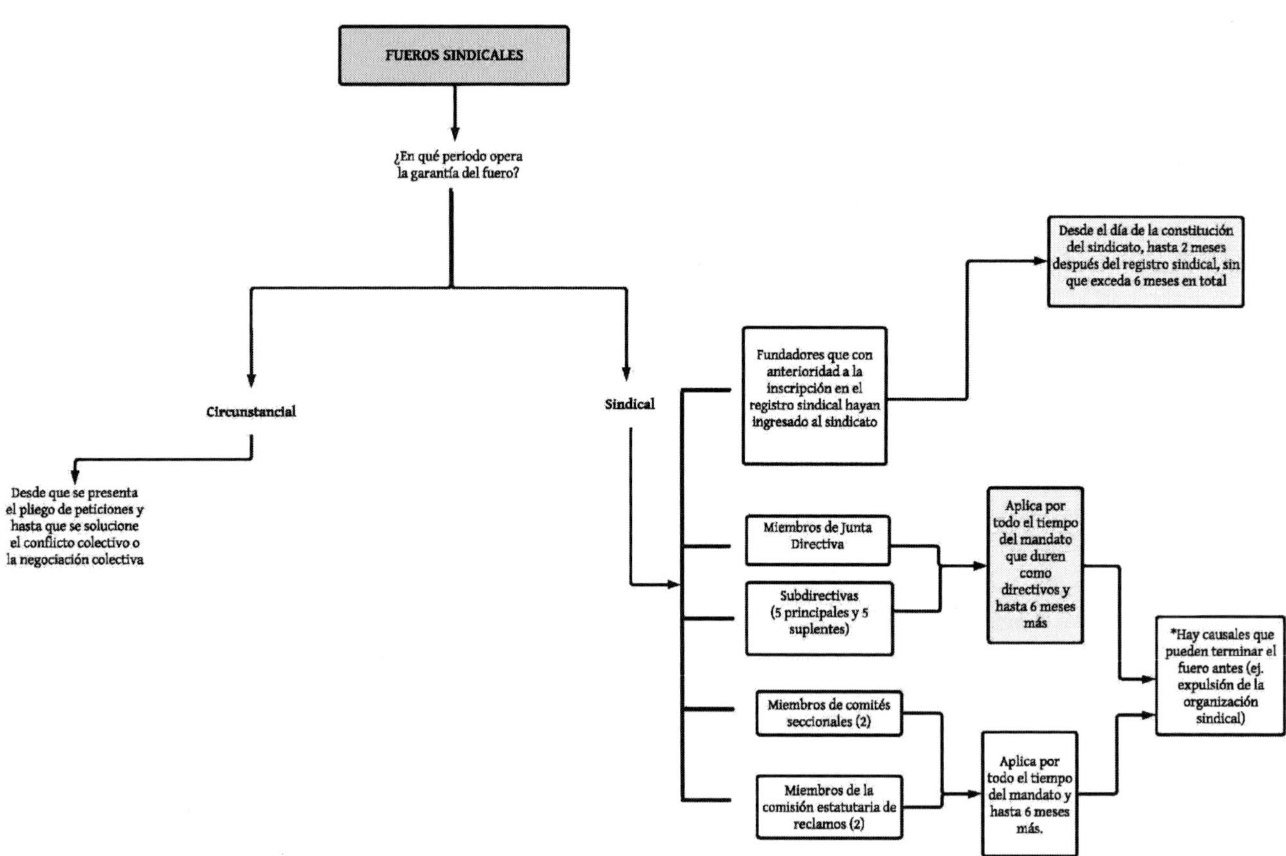
FUEROS SINDICALES
¿En qué periodo opera la garantía del fuero?
Circunstancial
Desde que se presenta el pliego de peticiones y hasta que se solucione el conflicto colectivo o la negociación colectiva
Sindical
Fundadores que con anterioridad a la inscripción en el registro sindical hayan ingresado al sindicato
Desde el día de la constitución del sindicato, hasta 2 meses después del registro sindical, sin que exceda 6 meses en total
Miembros de Junta Directiva
Subdirectivas (5 principales y 5 suplentes)
Aplica por todo el tiempo del mandato que duren como directivos y hasta 6 meses más
Miembros de comités seccionales (2)
Miembros de la comisión estatutaria de reclamos (2)
Aplica por todo el tiempo del mandato y hasta 6 meses más.
*Hay causales que pueden terminar el fuero antes (ej. expulsión de la organización sindical)

5.3. FUEROS EN EL DERECHO COLECTIVO

	Fuero Circunstancial	Fuero Sindical
¿En qué consiste?	Garantía a no ser despedido sin justa causa, desde que se presenta el pliego de peticiones hasta que finalice el conflicto colectivo	No ser despedidos, desmejorados o trasladados, sin justa causa, previamente calificada por un juez laboral
Trámite procesal para reclamar la protección	Si se considera que se violó este fuero, se debe iniciar un proceso ordinario laboral por parte del empleado	Proceso especial: Art. 113 y siguientes del C.S.T.
Contestación de la demanda	10 días siguientes al auto admisorio de la demanda	En audiencia pública
Prescripción para la presentación de la demanda	3 años desde el despido - Prescripción general	2 meses después del despido - Prescripción especial
Procedencia del recurso extraordinario de casación	Es posible. En la práctica es poco común dada la cuantía de los procesos	No. Es un trámite especial de dos instancias

5.4. ANÁLISIS PRÁCTICO DE LA ESTABILIDAD LABORAL EN MATERIA DE DERECHO COLECTIVO

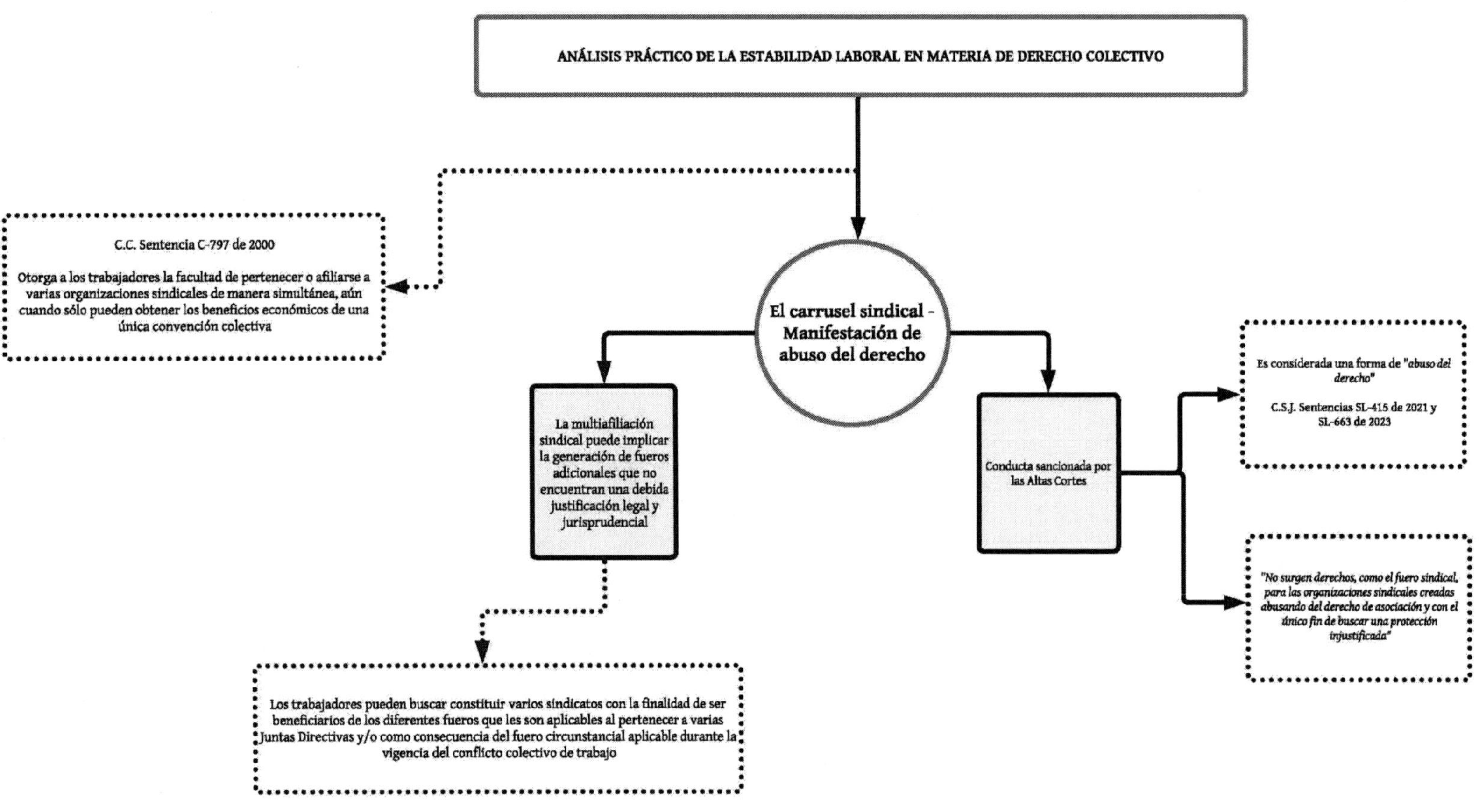
ANÁLISIS PRÁCTICO DE LA ESTABILIDAD LABORAL EN MATERIA DE DERECHO COLECTIVO
C.C. Sentencia C-797 de 2000
Otorga a los trabajadores la facultad de pertenecer o afiliarse a varias organizaciones sindicales de manera simultánea, aún cuando sólo pueden obtener los beneficios económicos de una única convención colectiva
El carrusel sindical - Manifestación de abuso del derecho
La multiafiliación sindical puede implicar la generación de fueros adicionales que no encuentran una debida justificación legal y jurisprudencial
Conducta sancionada por las Altas Cortes
Es considerada una forma de "abuso del derecho"
C.S.J. Sentencias SL-415 de 2021 y SL-663 de 2023
"No surgen derechos, como el fuero sindical, para las organizaciones sindicales creadas abusando del derecho de asociación y con el único fin de buscar una protección injustificada"
Los trabajadores pueden buscar constituir varios sindicatos con la finalidad de ser beneficiarios de los diferentes fueros que les son aplicables al pertenecer a varias Juntas Directivas y/o como consecuencia del fuero circunstancial aplicable durante la vigencia del conflicto colectivo de trabajo

Capítulo 6.
CONTRATOS COLECTIVOS DE TRABAJO

6.1. LA CONVENCIÓN COLECTIVA DE TRABAJO

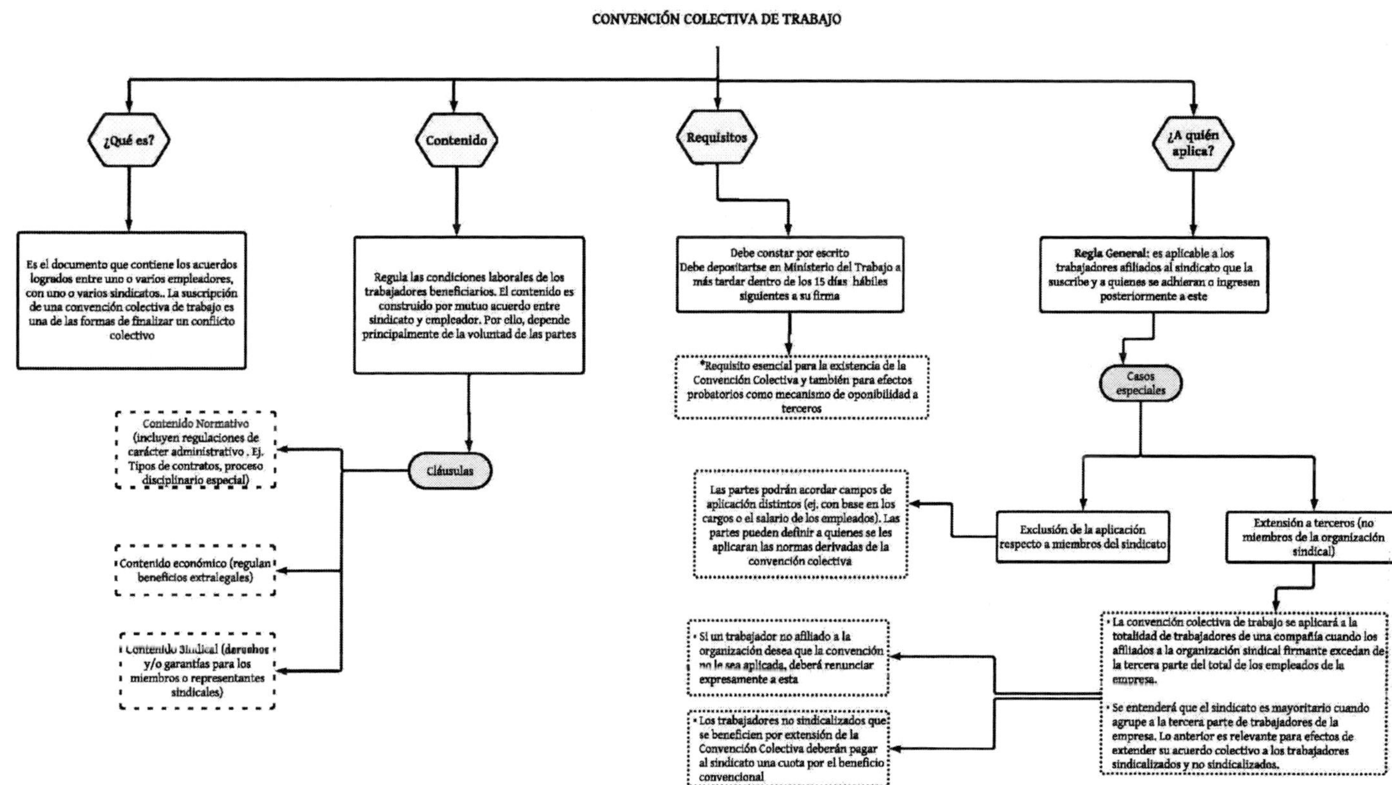
CONVENCIÓN COLECTIVA DE TRABAJO
¿Qué es?
Contenido
Requisitos
¿A quién aplica?
Es el documento que contiene los acuerdos logrados entre uno o varios empleadores, con uno o varios sindicatos.. La suscripción de una convención colectiva de trabajo es una de las formas de finalizar un conflicto colectivo
Regula las condiciones laborales de los trabajadores beneficiarios. El contenido es construido por mutuo acuerdo entre sindicato y empleador. Por ello, depende principalmente de la voluntad de las partes
Debe constar por escrito
Debe depositartse en Ministerio del Trabajo a más tardar dentro de los 15 días hábiles siguientes a su firma
*Requisito esencial para la existencia de la Convención Colectiva y también para efectos probatorios como mecanismo de oponibilidad a terceros
Regla General: es aplicable a los trabajadores afiliados al sindicato que la suscribe y a quienes se adhieran o ingresen posteriormente a este
Casos especiales
Cláusulas
Contenido Normativo (incluyen regulaciones de carácter administrativo . Ej. Tipos de contratos, proceso disciplinario especial)
Contenido económico (regulan beneficios extralegales)
Contenido Sindical (derechos y/o garantías para los miembros o representantes sindicales)
Las partes podrán acordar campos de aplicación distintos (ej. con base en los cargos o el salario de los empleados). Las partes pueden definir a quienes se les aplicaran las normas derivadas de la convención colectiva
Exclusión de la aplicación respecto a miembros del sindicato
Extensión a terceros (no miembros de la organización sindical)
• La convención colectiva de trabajo se aplicará a la totalidad de trabajadores de una compañía cuando los afiliados a la organización sindical firmante excedan de la tercera parte del total de los empleados de la empresa.
• Se entenderá que el sindicato es mayoritario cuando agrupe a la tercera parte de trabajadores de la empresa. Lo anterior es relevante para efectos de extender su acuerdo colectivo a los trabajadores sindicalizados y no sindicalizados.
• Si un trabajador no afiliado a la organización desea que la convención no le sea aplicada, deberá renunciar expresamente a esta
• Los trabajadores no sindicalizados que se beneficien por extensión de la Convención Colectiva deberán pagar al sindicato una cuota por el beneficio convencional

BIBLIOGRAFÍA

Antonio Nicita & Matteo Rizzoli, The case for the virtual strike, n.° 8 Portuguese Economic Journal 141-160 (2009).

Comité de Libertad Sindical del Consejo deAdministración de la OIT, La libertad sindical: Recopilación dedecisiones y principios (5.ª ed., 2006).

Corte Constitucional de Colombia [C.C.], octubre 4, 1995, M.P.: Antonio Barrera Carbonell, Sentencia 450/95, [Colom.].

Corte Constitucional de Colombia [C.C.], febrero 20, 1997, M.P.: Hernando Herrera Vergara, Sentencia C-075/97, [Colom.].

Corte Constitucional de Colombia [C.C.], junio 8, 2000, M.P.: Antonio Barrera Carbonell, Sentencia C-663/00, [Colom.].

Corte Constitucional de Colombia [C.C.], junio 29, 2000, M.P.: Alejandro Martínez Caballero, Sentencia C-797/00, [Colom.].

Corte Constitucional de Colombia [C.C.], mayo 14, 2008, M.P.: Manuel José Cepeda Espinosa, Sentencia C-465/08, [Colom.].

Corte Constitucional de Colombia [C.C.], septiembre 3, 2008, M.P.: Nilson Pinilla Pinilla, Sentencia C-858/08, [Colom.].

Corte Constitucional de Colombia [C.C.], julio 9, 2008, M.P.: Rodrigo Escobar Gil, Sentencia C-696/08, [Colom.].

Corte Constitucional de Colombia [C.C.], mayo 9, 2012, M.P.: Gabriel Eduardo Mendoza, Sentencia C-330/12, [Colom.].

Corte Suprema de Justicia [C.S.J.], Sala de Casación Laboral, noviembre 29, 2017, M.P.: RigobertoEcheverri Bueno, Sentencia SL20094-2017, [Colom.].

Corte Suprema de Justicia [C.S.J.], Sala deCasación Laboral, junio 24, 2020, M.P.: Clara Cecilia Dueñas Quevedo, Sentencia SL1680-2020, [Colom.].

Forbes, The Virtues of a Virtual Strike (noviembre 25, 2002). https://www.forbes.com/forbes/2002/1125/128.html?sh=6346a1dc4271

Francisco Rafael Ostau De Lafont De León *et al.*, Aplicación de los convenios de la OIT en materia de derecho de asociación sindical y negociación colectiva en las decisiones de los jueces laborales en Colombia, vol. 8, n.° 26, Revista Prolegómenos. Derechos y Valores 163-178 (2010).

Laura D. López Ch., Ingreso de Colombia en la Organización para la Cooperación y el Desarrollo Económico (OCDE): efectos y proyecciones en materia de derecho colectivo (tesis de grado para optar por el título de abogado, Pontificia, Universidad Javeriana) (2021).

Ministerio del Trabajo, 09 de diciembre de 2019, Respuesta a PQRS No. 11EE2019140000000060114.

Ministerio del Trabajo, 20 de enero de 2021,Respuesta a PQRS No. 02EE2020410600000104856.

Organization for Economic Cooperation and Development [OECD], Accession of Colombia to the Organization? Decision of the Council to invite the Republic of Colombia to accede to the Convention on the OECD (mayo 28, 2018). https://one.oecd.org/document/C(2018)81/FINAL/en/pdf

Organization for Economic Cooperation and Development [OECD], Colombia?sPath Towards OECD Accession, (2020). https://www.oecd.org/colombia/colombia-accession-to-the-oecd.htm#:~:text=28%20April%202020%20%2D%20Colombia%20has,of%20its%20instrument%20of%20accession

Organization for Economic Cooperation and Development [OECD], Negotiating Our Way Up: Collective Bargainingin a Changing World of Work (2019). https://doi.org/10.1787/1fd2da34-en

Organization for Economic Cooperation and Development [OECD], Reviewsof Labour Market and Social Policies: Colombia 2016 (enero 20, 2016). https://doi.org/10.1787/9789264244825-en

Organization for Economic Cooperation and Development [OECD], Signing ceremony of the OECD Accession Agreement with Colombia and Lithuania (2018). https://www.oecd.org/about/secretary-general/signing-ceremony-of-oecd-accession-agreement-with-colombia-and-lithuania-france-30-may-2018.htm

Organization for Economic Cooperation and Development [OECD], The OEC Dand Colombia: Amutually beneficial relationship (2018). https://www.oecd.org/latin-america/countries/colombia/colombia-y-la-ocde.html

Organización Internacional del Trabajo [OIT],Disposicion essustantivas de la legislación laboral: El derecho dehuelga.Organización Internacional del Trabajo OIT, (2001). https://www.ilo.org/legacy/spanish/dialogue/ ifpdial/llg/noframes/ch5.htm

Organización Internacional del Trabajo [OIT], Freedom of association in practice: Lessons learned. Global Report under the follow-up to the ILO Declaration on Fundamental

Principlesand Right sat Work (2008). https://www.ilo.org/wcmsp5/groups/public/---dgreports/---dcomm/documents/publication/wcms_096122.pdf

Organización Internacional del Trabajo [OIT], Libertad sindical y negociación colectiva. Estudio general de las memorias sobre el Convenio núm. 87 sobre la libertad sindical y la protección del derecho de sindicación y el Convenio núm. 98 sobre el derecho de sindicación y de negociación colectiva (1994).

Tirant Lo Blanch (2019).Gps Laboral Guía Profesional (Colombia)